Stratagems Of Chess: Or, A Collection Of Critical And Remarkable Situations, Selected From The Works Of Eminent Masters

. Montigny

Nabu Public Domain Reprints:

You are holding a reproduction of an original work published before 1923 that is in the public domain in the United States of America, and possibly other countries. You may freely copy and distribute this work as no entity (individual or corporate) has a copyright on the body of the work. This book may contain prior copyright references, and library stamps (as most of these works were scanned from library copies). These have been scanned and retained as part of the historical artifact.

This book may have occasional imperfections such as missing or blurred pages, poor pictures, errant marks, etc. that were either part of the original artifact, or were introduced by the scanning process. We believe this work is culturally important, and despite the imperfections, have elected to bring it back into print as part of our continuing commitment to the preservation of printed works worldwide. We appreciate your understanding of the imperfections in the preservation process, and hope you enjoy this valuable book.

STRATAGEMS OF CHESS,

OR A COLLECTION OF

Critical and remarkable Situations,

SELECTED FROM

THE WORKS OF EMINENT MASTERS,

ILLUSTRATED ON PLATES,

DESCRIBING

THE INGENIOUS MOVES BY WHICH THE GAME IS EITHER
WON, DRAWN, OR STALE-MATE OBTAINED.

TAKEN FROM

THE CELEBRATED FRENCH WORK

ENTITLED

STRATAGÈMES DES ÉCHECS,

CAREFULLY REVISED AND IMPROVED.

TO WHICH IS PREFIXED,

AN INTRODUCTION TO THE GAME OF CHESS.

LONDON:

PRINTED FOR T. AND J. ALLMAN, PRINCE'S STREET, HANOVER
SQUARE; W. H. REID, PANTON STREET, HAYMARKET; AND
BALDWIN, CRADOCK, AND JOY, PATERNOSTER-ROW.

———

1817.

SG 3647.579.5

HARVARD COLLEGE LIBRARY
BEQUEST OF
SILAS W. HOWLAND
NOVEMBER 8, 1938

Imperfect: lacks half-title.

PREFACE.

THE learned who have extended their researches to the origin of Chess, have discovered through the obscurity of ancient history, traces of it at the most remote periods. Among the moderns, this game has always been universally cultivated, and treatises written on it in almost every language. Each of these works has its peculiar merits: that of the *Calabrois* teaches us the art of laying snares to catch an uncautious adversary, and to take advantage of his short-sighted avidity; from *Stamma* we learn to extricate ourselves from the most desperate situations, and to overcome our antagonist by schemes as it were magical; *Philidor* opposing to his adversary an impenetrable barrier, by skilfully advancing his pawns in such a manner as to support each other, like steps, has shown us the resources which an able player may find in pieces, which, though originally of the least value, may eventually become the most important of the game.

But notwithstanding the many and voluminous treatises extant on this subject, it is not so much by the study of books, as by actual practice at play, that great proficiency has been obtained; and it may be premised, that, although few, even where such is their favorite pursuit, have sufficient leisure or inclination to play entire games from a book; many may wish to consult and examine those critical situations and masterly moves which owe their origin to eminent players.

Of this description are the greater part of the situations contained in this collection, which was made by members belonging to the principal Chess clubs at Paris, under whose sanction and patronage it was originally published: and as the work has met with the most extensive circulation and success on the continent, and has since been revised by accomplished players in this country, who have borne testimony to its merits, the inducement to publish a translation of it was too great to be neglected, especially as some considerable improvements in the mode of illustrating the subject are now adopted. They are principally these: instead of designating the pieces, as in the French work, by alphabetical letters printed on the plates, engravings of the pieces themselves are substituted, and the critical moves, instead of being separated from the situations to which they refer, are now more fully and plainly described.

But as many of these situations are in reality so many problems, the solution of which is required to be found, recourse should not, in this case, be had to the description of the moves, until every previous endeavour to play the game proposed, without their assistance, has failed.

And it is hoped that this publication in which such considerable improvements have been made, will fully answer the design intended; viz. to afford amusement and instruction, and stimulate those players who have hitherto made but little progress, to devote a portion of their leisure to the practice of a game, susceptible of the greatest ingenuity and of endless variety.

INTRODUCTION

TO

THE GAME OF CHESS.

This game is played on a board with thirty-two pieces, of different forms, denominations, and powers, divided into two colours or parties. The chess-board contains sixty-four squares chequered black and white. The king and his officers, being eight pieces, are ranged at different ends upon the first lines of the board, a white corner of which is to be placed towards the right-hand of each player.

The white king must be upon the fourth a black square, at one end of the board, reckoning from the right: the black or red king upon the fifth a white square, at the other end of the board; opposite to each other. The white queen must be upon the fifth a white square, on the left of her king. The black queen upon the fourth a black square, on the right of her king. The bishops must be placed on each side of their king and queen. The knights on each side of the bishops. The rooks, in the two corners of the board, next to the knights; and the eight pawns, or common men, upon the eight squares of the second line. (*See Frontispiece.*)

The pieces, and pawns, on the side of each king, take their names from him, as those on the side of the queen do from her, and are called the black or white king's bishop; the king's knights; the king's rooks; the king's pawns; the king's bishop's pawns; the king's knight's pawns; the king's rook's pawns; the black or white queen's bishops; the queen's knights; the queen's rooks; the queen's pawns; the queen's bishop's pawns; the queen's knight's pawns; and the queen's rook's pawns. The squares are named from the pieces, viz. where the king stands, is called the square of the king: where his pawn stands, is called the second square of the king: that before the pawn is called the third square of the king; that beyond it is called the fourth square of the king; and so of all the rest.

The kings move every way, but only one square at a time (except in the case of castling), and must always be at least one square distant from each other. The king may leap once in the game, either on his own side, or on the side of his queen, (viz. the rook is moved into the next square to the king; and the king moves to the square on the other side of him, which is also called castling;) provided nevertheless no piece is between him and the rook; nor after this rook hath been played; nor after the king hath been moved; nor when the king is in check; nor when the square over which he means to leap is viewed by an adverse man, who would check him in his passage.

The queen possesses the moves and powers of the rook, and bishop, in a straight line, and also angularly.

The bishops move only angularly, backward or forward, in the same colour as each are at first placed, but can take at any distance when the road is open.

The knights move obliquely, backward or

forward, upon every third square, including that which they stood on, from black to white, and from white to black, over the heads of the men, which no other is allowed to do.

The rooks move in a right line, either forwards, backwards, or sideway, through the whole file, can stop at any square, and take at any distance when no other piece intervenes.

A pawn moves one square at a time, in a straight line forward, and takes the enemy angularly. He may be moved two squares the first move, but never backwards, and is prohibited from quitting his own file, except in case of making a capture, when he is moved into the place of the captive, and afterwards advances forward in that file.

If the square over which any pawn leaps is viewed by an adversary, that man may take the pawn, and then must be placed in the square over which the pawn hath leaped. A pawn getting to the head of the board upon the first line of the enemy (stiled going to queen) may be changed for any one of the pieces lost in the course of the game, and the piece chosen must be placed on the square at which the pawn had arrived.

The men can take the adversaries who stand in their way, provided the road lies open; or they may decline it, and must be set down in the same squares from which the contrary men are taken.

When the adversary's king is in a situation to be taken by you, you must say *check* to him; by which you warn him to defend himself, either by changing his place, or by covering himself with one of his own men, or by taking the man who assaults him: if he can do none of these things, he is *check-mated* and loses the game. The king cannot change his square, if he by so doing goes into check; and when he has no man to play, and is not in check, yet is so blocked up, that he cannot move without going into check, this position is called a *stale-mate*, and in this case the king, who is stale-mated, wins the game.

Many chess players give notice when the queen is in danger of being taken, by saying *check to the queen*.

The board is technically called the exchequer, the squares are stiled houses, the ranges of which in a straight line, from right to left, are denominated ranks, and perpendicularly from one player to the other are files.

DIRECTIONS

FOR

PLAYING THE GAME.

---

1. Move your pawns before your pieces, and afterwards bring out the pieces to support them; therefore the king's, queen's, and bishop's pawns should be the first played, in order to open the game well.

2. Do not, therefore, play out any of your pieces early in the game, because you thereby loose moves, in case your adversary can, by playing a pawn, make them retire, and also opens his game at the same time; especially avoid playing your queen out, till your game is tolerably well opened.

3. Avoid giving useless checks, and never give any unless to gain some advantage, because you may loose the move if the adversary can either take or drive your piece away.

4. Never crowd your game by having too many pieces together, so as to prevent advancing or retreating your men as occasion may require.

5. If your game happens to be crowded, endeavour to free it by exchanges of pieces or pawns, and castle your king as soon as convenient; afterwards bring out your pieces, and attack the adversary where weakest.

6. When the adversary plays out his pieces before his pawns, attack them as soon as you can with your pawns, by which you may crowd his game, and make him lose moves.

7. Never attack the adversary's king without a sufficient force; and if he attacks yours, and you cannot retaliate, offer exchanges; and should he retire, when you present a piece to exchange, he may loose a move. It also may sometimes be expedient to act in this manner in case of other attacks.

8. Play your men in guard of one another, so that if any be taken, the enemy may also be captured by that which guarded yours, and endeavour to have as many guards to your piece as your adversary advances others upon it; and if possible, let them be of less value than those

he assails with. When you cannot well support your piece, see if by attacking one of his that is better, or as good, you may not thereby save yours.

9. Never attack but when well prepared, for thereby you open your adversary's game, and prepare him to pour in a strong attack upon you, as soon as your weak one is over.

10. Never play till you have examined whether you are free from danger by your adversary's last move; nor offer to attack till you have considered what harm he would be able to do you by his next moves, in consequence of yours.

11. When your attack is in a prosperous way, never be diverted from it by taking any piece, or other seeming advantage, your adversary may purposely throw in your way, with the intent that by your taking the bait he might gain a move which would make your design miscarry.

12. When in pursuing a well laid attack, you find it necessary to force your adversary's defence, with the loss of some pieces; if, upon counting as many moves forward as you can, you find a prospect of success, sacrifice a piece

or two to gain your end: these bold attempts make the finest games.

13. Never let your queen stand so before the king, as that your adversary, by bringing forwards a rook or a bishop, might check your king if she was not there, for you could hardly save her, or perhaps at best must sacrifice her for an inferior piece.

14. Let not your adversary's knight fork your king and queen, or king and rook, or queen and rook, or your two rooks, at the same time; for in the two first cases, the king being forced to go out of check, the queen or the rook must be lost; and in the two last a rook must be lost, at best, for a worse piece.

15. Take care that no guarded pawn of your adversary fork two of your pieces: knights and rooks are particularly liable to this mode of attack; also guard against either a check by discovery, or a stale-mate.

16. When the kings have castled on different sides of the board, attack with the pawns you have on that side where the adversary has castled, advancing the pieces, especially the queen and rooks, to support them; and if the adversary's king has three pawns on a line in

front, he should not stir them till forced to it.

17. Endeavour to have a move in ambuscade; that is, place the queen, bishop, or rook behind a pawn, or a piece, in such a manner, as upon playing that pawn, or piece, you discover a check upon your adversary's king, and consequently may often get a piece, or some other advantage by it.

18. Never guard an inferior piece or pawn with a better, if you can do it with a pawn, because that better piece may in such a case be, as it were, out of play.

19. A pawn pushed on, and well supported, often costs the adversary a piece; but one separated from the others is seldom of any value. And whenever you have gained a pawn, or other advantage, and are not in danger of losing the move thereby, make as frequent exchanges as you can.

20. If each player has three pawns upon the board, and no piece, and you have a pawn on one side of the board, and the other two on the other side, and your adversary's 3 are opposite to your 2, march with your king to take his pawns; and if he moves to support

them, go on to queen with your single pawn; and if he attempts to hinder it, take his pawns, and push yours to queen; that is to move a pawn into the adversary's back row, in order to make a queen, when the original is lost.

21. At the latter end of a game, each party having only three or four pawns on different sides of the board, the kings are to endeavour to gain the move, in order to win the game.

22. When the adversary has no more than his king and one pawn on the board, and you a king only, you can never lose that game if you bring and keep your king opposite to your adversary's, when he is immediately either before or on one side of his pawn, and only one house between the kings. This must then either be a drawn game, or if the opponent persists in his endeavours to win, he will lose by a stale-mate, by drawing you upon the last square.

23. When your adversary has one pawn on the rook's line, with a king and bishop against a king only, and his bishop is not of the colour that commands the corner-house his pawn is going to, if you can get your king into that corner, you cannot lose that game, but may win by a stale-mate.

24. When you have only your queen left in play, and your king happens to be in the position of stale-mate, keep giving check to your adversary's king, always taking care not to check him where he can interpose any of his pieces that make the stale: so doing, you will at last force him to take your queen, and then you win the game by being in stale-mate.

25. Never cover a check with a piece that a pawn pushed upon it may take, for fear of only getting that pawn for it.

26. Do not crowd your adversary's king with your pieces, lest you inadvertently give a stale-mate.

27. Do not be too much afraid of losing a rook for an inferior piece; although a rook is better than any other, except the queen, yet it seldom comes into play, so as to operate, until the end of the game; and it is generally better to have a worse piece in play than a superior out.

28. When you have moved a piece, which your adversary drives away with a pawn, that is a bad move, your enemy gaining a double advantage. At this nice game no move can be indifferent. Though the first move may not

be much, between equally good players, yet the loss of one or two more, after the first, makes the game almost irretrievable: but if you can recover the move, or the attack (for they both go together) you are in a fair way of winning.

29. If ever your game is such, that you have scarce any thing to play, you have either brought out your pieces wrong, or, which is worse, not at all; for if you have brought them out right, you must have variety enough.

30. Don't be much afraid of doubling a pawn: two in a direct line are not disadvantageous when surrounded by three or four others. Three together are strong, but four that make a square, with the help of other pieces, well managed, form an invincible strength, and probably may produce you a queen: on the contrary, two pawns, with an interval between, are no better than one; and if you should have three over each other in a line, your game cannot be in a worse situation.

31. When a piece is so attacked that it is difficult to save it, give it up, and endeavour to annoy your enemy in another place; for it often happens, that whilst your adversary is

pursuing a piece, you either get a pawn or two, or such a situation as ends in his destruction.

32. Supposing your queen and another piece are attacked at the same time, and by removing your queen, you must lose the piece, if you can get two pieces in exchange for her, rather do that than retire; for the difference is more than the worth of a queen; besides you preserve your situation, which often is better than a piece; when the attack and defence are thoroughly formed, if he who plays first is obliged to retire by the person who defends, that generally ends in the loss of the game on the side of him who attacks.

33. Do not aim at exchanges without reason; a good player will take advantage of it, to spoil your situation, and mend his own: but when you are strongest, especially by a piece, and have not an immediate check-mate in view, then every time you exchange, your advantage increases. Again, when you have played a piece, and your adversary opposes one to you, exchange directly, for he wants to remove you: prevent him, and do not lose the move.

34. Every now and then examine your game, and then take measures accordingly.

35. At the latter end of the game, especially when both queens are off the board, the kings are capital pieces, do not let yours be idle; it is by his means, generally, you must get the move and the victory.

36. As the queen, rooks, and bishops operate at a distance, it is not always necessary in your attack to have them near your adversary's king; they do better at a distance, cannot be driven away, and prevent a stale-mate.

37. When there is a piece you can take, and that cannot escape, do not hurry; see where you can make a good move elsewhere, and take the piece at leisure.

38. It is not always right to take your adversary's pawn with your king, for very often it happens to be a safeguard and protection to him.

39. When you can take a man with different pieces, consider thoroughly with which you had best take it.

APPLICATIONS TO SOME OF THE FOREGOING RULES.

1. WHETHER you play the open or close game, bring out all your pieces into play before you begin the attack; for if you do not, and your adversary does, you will always attack, or be attacked, at a great disadvantage; this is so essential, that you had better forego an advantage than deviate from it; and no person can ever play well who does not strictly practise this. In order to bring out your pieces properly, push on your pawns first, and support them with your pieces, thereby your game will not be crowded, and all your pieces will be at liberty to play and assist each other, and so co-operate towards obtaining your end: and either in your attack or defence, bring them out so as not to be driven back again.

2. When you have brought out all your pieces, which you will have done well, if you have your choice on which side to castle; then consider thoroughly your own and adversary's game, and not only resolve where to castle, but likewise to attack where you appear strongest,

and your enemy weakest. By this it is probable you will be able to break through your adversary's game, in which some pieces must be exchanged. Now pause again and survey both games attentively, and do not let your impetuosity hurry you on too far; at this critical juncture (especially if you still find your adversary pretty strong) rally your men, and put them in good order for a second or third attack, still keeping your men close and connected, so as to be of use to each other. For want of this method, and a little coolness, an almost sure victory is often snatched out of a player's hands, and a total overthrow ensues.

3. At the last period of the game, observe where your pawns are strongest, best connected, and nearest to queen, likewise mind how your adversary's pawns are disposed, and compare these things together; and if you can get to queen before him, proceed without hesitation; if not, hurry on with your king to prevent him: I speak now, as supposing all the noblemen are gone; if not, they are to attend your pawns, and likewise to prevent your adversary from going to queen.

SOME OTHER DIRECTIONS BY AN AMATEUR.

1. The principal art consists in the nice conduct of the royal pawns; in duly supporting them against every attack; and, when they are taken, supplying their places with others equally well supported.

2. The royal pawns, after the first moves, should not be rashly pushed on before your adversary's king has castled; otherwise he would castle on your weakest side.

3. Pawns on a front line, when judiciously supported, greatly obstruct the adversary's pieces from entering your game, or taking an advantageous situation.

4. When you have two pawns on a front line, neither should be pushed forward until the adversary proposes to exchange, then instead of doing that push on the attacked pawn.

5. Dispose your pawns so as to prevent, if possible, the adversary's knights from entering into your game.

6. When your pawns are separated from the centre, strive to increase the number on the

strongest side; and when you have two in the centre, endeavour to unite there as many as you can.

7. One or two pawns far advanced at the commencement of a game, may be looked upon as lost, unless very well supported.

8. Until the bishop's pawns have been advanced two squares, the knight should not be placed on the bishop's third square, else those pawns would thereby be hindered from supporting others.

9. So long as a direct attack on the adversary's king is not likely to prosper, strive to capture or exchange those men who would prevent it.

10. Whenever you can make an opening with two or three pawns on the adversary's king, you then are almost sure of the game.

11. If ever the strength of your game consists of pawns, strive to take the adversary's bishops, because they, much more than the rooks, could prevent the advancement of your pawns.

12. While you meditate an attack, endeavour to keep your king so situated that he may castle when you please.

13. When more than one of your adversary's men are in your power, rather in capturing them be guided by the worth each may be of at that period of the game, than by its abstract value, and act on the same principle when two of yours are so attacked that you must give up one of them.

14. Prevent your adversary from getting prematurely among your pieces, otherwise his knights and bishops, supported by the pawns, and occasionally by the queen, may decide the game, while only part of your force is engaged.

15. At the beginning of a game, guard against the adversary's king's bishop attacking your king's bishop's pawn; and as the king's bishop is a most dangerous piece to form an attack, strive to exchange your queen's bishop for it, or otherwise get quit of it as soon as you can.

16. Hinder the adversary from doubling his rooks, especially if there's an opening in the game.

17. Endeavour to move the king to a square where one of the adversary's pawns will protect him from the rook.

18. When you have a chain of pawns fol-

lowing each other obliquely, preserve, if possible, the leader.

19. After each move of the adversary, consider attentively what view he can have in it, and whether it disconcerts your plan; if it does, remove the evil before you proceed, else while you are only intent on the attack, you may be taken by surprize.

20. In order to overthrow the adversary's schemes, you must often play against the general rules in the defence, but seldom need act so in the attack.

21. Avoid changing the king's pawn for the adversary's king's bishop's pawn, or the queen's pawn for the adversary's queen's bishop's pawn, because the royal pawns, occupying the centre, prevent in great measure the adversary's pieces from injuring you.

22. A knight, supported by two pawns, unless the adversary can push on a pawn to attack him, will prove so incommodious that he must be taken by a piece, and you gain the advantage of reuniting the pawns.

23. Circumstances sometimes will require you to give check, even when you have not check-mate in view; as to drive the adversary's

king into a worse situation, or to compel him to leave a superior piece unguarded, or to take away his privilege of castling, or to save one of your own pieces.

24. While you aim at giving check-mate, and all your pieces are employed, be very careful lest your king is check-mated by a single move of the adversary; and if ever you perceive a probability of the adversary giving you check-mate, be doubly cautious of every move; a wrong piece moved, or even a right one into a wrong square, may ultimately prove fatal.

25. By castling a double advantage is gained at once, that of removing the king into a more secure or advantageous situation, and also bringing the rook directly into play.

26. Sometimes it is best to play the king without castling, in order to attack with your pawns on that side, and then the king's bishop's second square is usually the proper place for him.

27. If your king castles on his own side, avoid moving his knight's or rook's pawns without necessity, as they are a protection to him.

28. If the adversary's king castles on the

same side of the board as yours, do not, by pushing forward your pawns, leave the king unguarded, but rather attack with your pieces.

MAXIMS FOR THE CONCLUSIONS OF GAMES.

1. A SINGLE pawn cannot win if the adversary's king is opposed to it; but if its own king is placed before it, then the pawn may win;

2. Two pawns against one must win in most cases; but the player possessing the two, should avoid exchanging one of them for his adversary's pawn.

3. A pawn, with any piece, must win in every case, except with a bishop, when the pawn is on a rook's file, and the bishop does not command the square where the pawn must go to queen.

4. Two knights, without any other man, cannot give check-mate.

5. Two bishops may win.

6. A knight, with a bishop, may win.

7. A rook against either a knight or a bi-

shop makes a drawn game; as also does a rook and a knight against a rook.

8. A rook with a bishop against a rook may win.

9. A rook with either a bishop or a knight against a queen make a drawn game.

10. A queen against a bishop and a knight may win.

11. A queen against a rook with two pawns makes a drawn game.

12. A rook against either a bishop or a knight with two pawns makes a drawn game; *because the player possessing the rook cannot be prevented from exchanging it for the two pawns.*

In order to determine what shall be a drawn game 'tis customary towards the conclusion, to fix 50 more moves on each side as the number to ascertain that point.

LAWS OF CHESS.

1. If you touch your man you must play it, except that would expose your king to check, in which case you are only, when possible, to

move the king; and so long as you keep hold, you may place the said man where you please; but once having quitted, you then cannot recal the move; though should any men be displaced by accident those are to be restored.

2. If you touch one of your adversary's men, he may insist upon your taking it; and when you cannot do so, then you are to move your king, provided that may be effected without putting him on check.

3. If by mistake, or otherwise, you make a false move, the opponent can oblige you to move the king (as in the 2d article); but if he plays without noticing the said false move, neither of you can afterwards recal it.

4. If you misplace your men, and play two moves, it lieth in your adversary's power whether he will permit you to begin the game afresh.

5. When the adversary gives check without warning, you are not obliged to notice it until he does: but if on his next move he warns you, each party must then retract his last move, and the king be removed off check.

6. Should the opponent warn you of a check

without really giving it, and you have even moved your king, or any other man, you are in such case allowed to retract before the opponent has completed his next move.

7. You are not to give check to your adversary's king by any piece, which by so moving would discover check on your own king.

8. After your king or the rook has moved, you cannot castle; and if you attempt it, the adversary may insist that you move either the king or rook.

9. In each fresh game, the players have the first move alternately; but where the advantage of a piece or pawn is given, the player giving that advantage is entitled to the first move.

STRATAGEMS OF CHESS.

STRATAGEMS OF CHESS.

No. 1.

Check-mate in 2 moves.

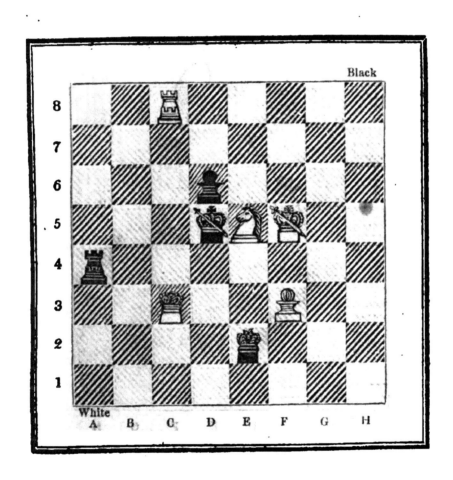

No. 2.

Check-mate in 2 moves.

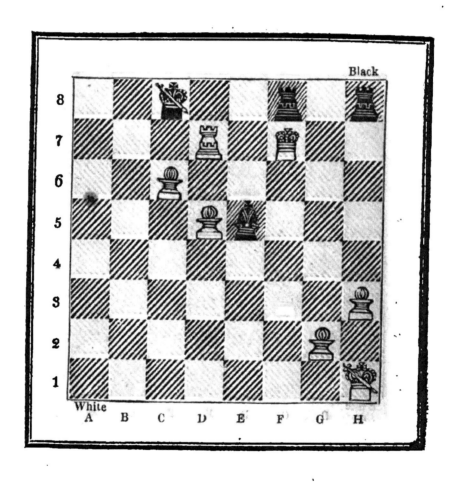

No. 3.

Check-mate in 2 moves.

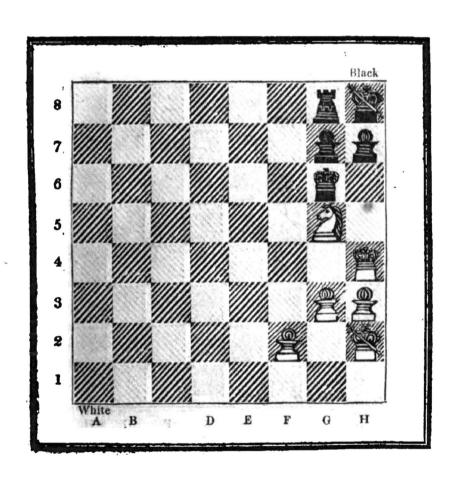

No. 4.

Check-mate in 2 moves.

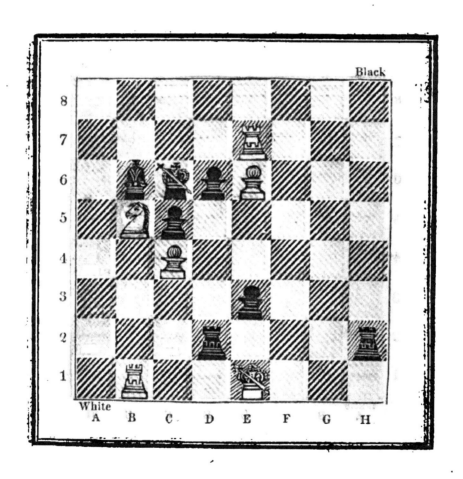

STRATAGEMS OF CHESS.

No. 5.

Check-mate in 3 moves.

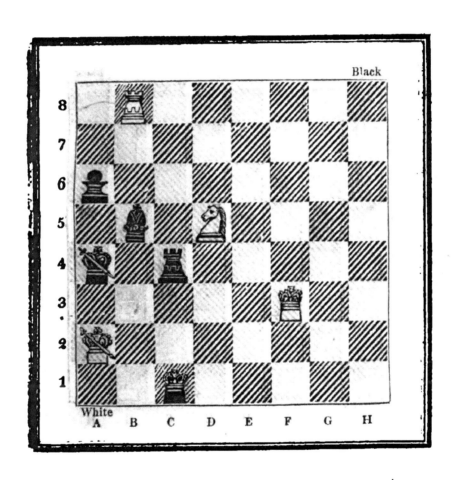

No. 6.

Check-mate in 3 moves.

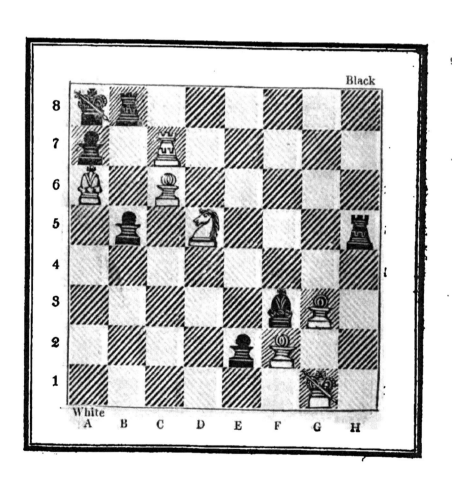

No. 7.

Check-mate in 3 moves.

No. 8.

Check-mate in 3 moves.

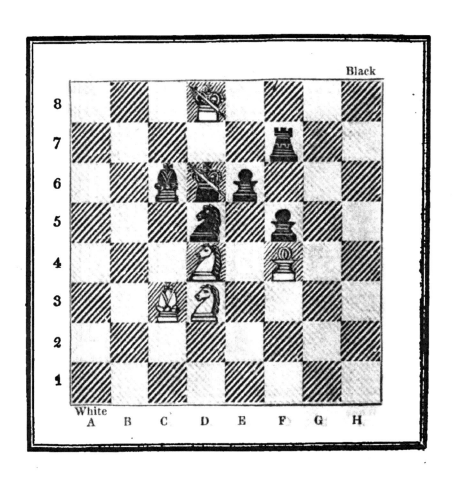

No. 9.

Check-mate in 3 moves.

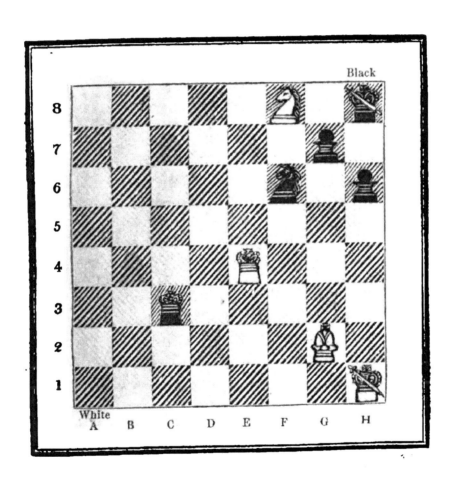

No. 10.

Check-mate in 3 moves.

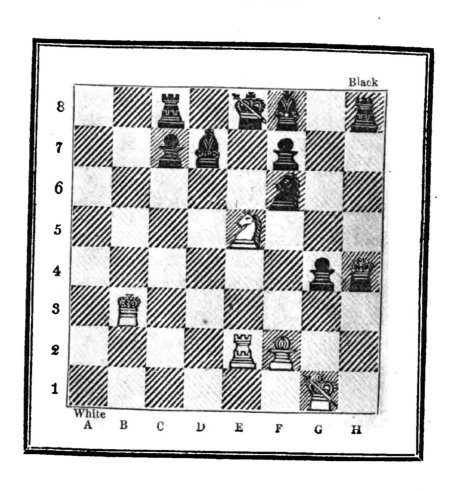

No. 11.

Check-mate in 3 moves.

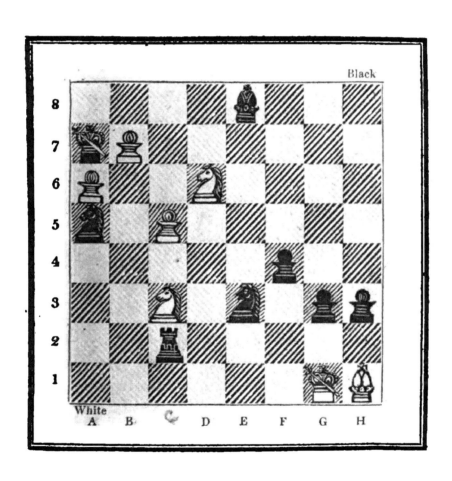

No. 12.

Check-mate in 3 moves.

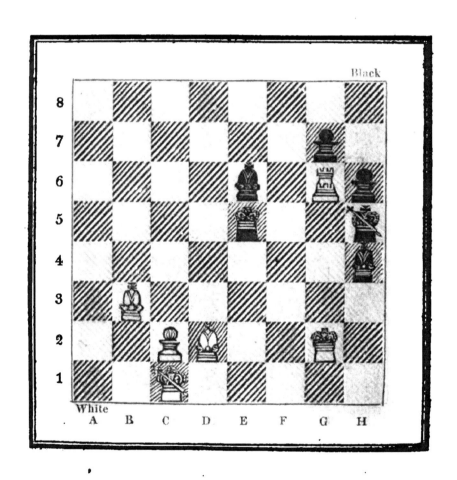

No. 13.

Check-mate in 3 moves.

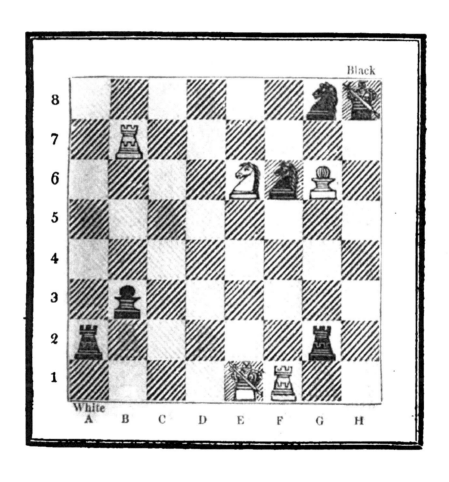

No. 14.

Check-mate in 3 moves.

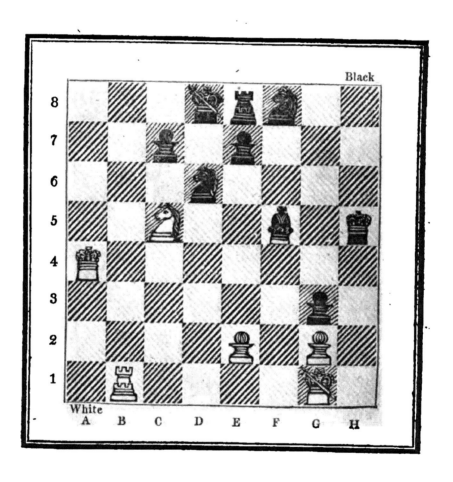

No. 15.

Check-mate in 3 moves.

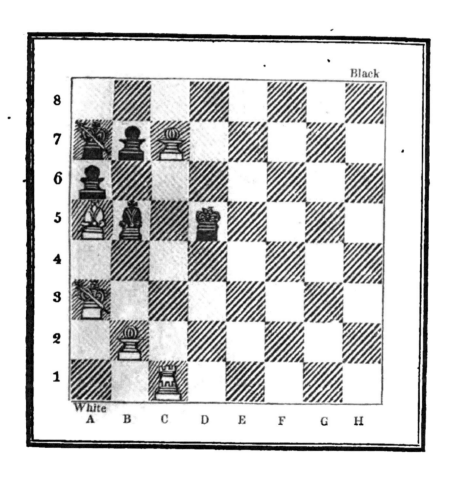

No. 16.

Check-mate in 3 moves.

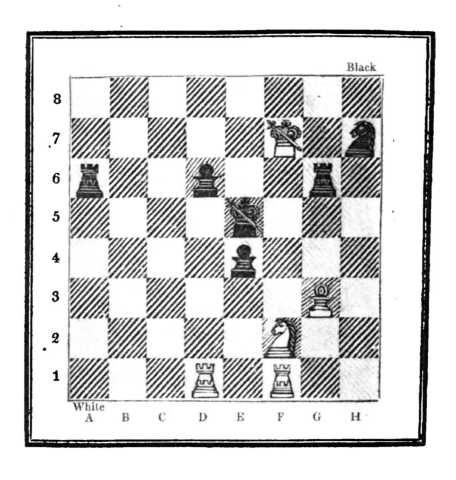

No. 17.

Check-mate in 3 *moves.*

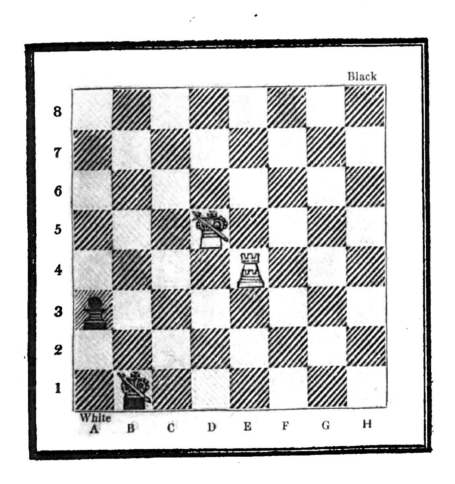

No. 18.

Check-mate in 3 moves.

STRATAGEMS OF CHESS.

No. 19.

Check-mate in 4 moves.

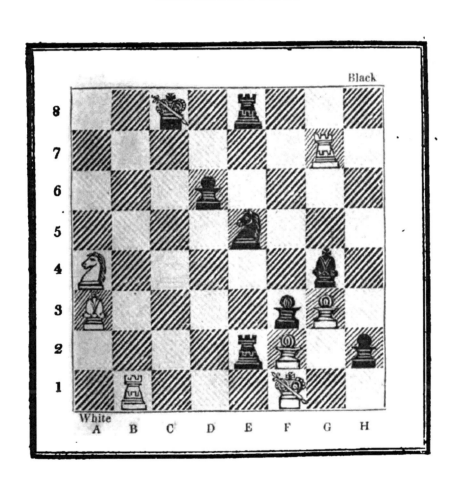

No. 20.

Check-mate in 4 moves.

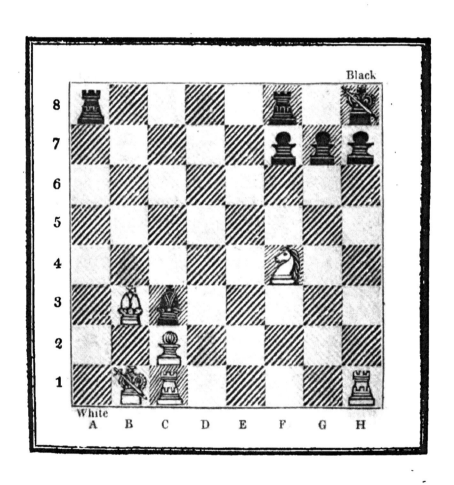

No. 21.

Check-mate in 4 moves.

No. 22.

Check-mate in 4 moves.

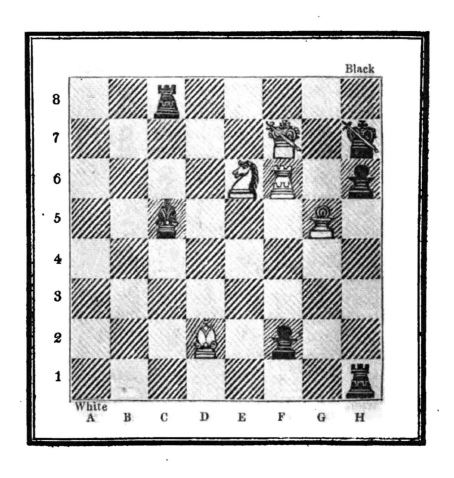

No. 23.

Check-mate in 4 moves.

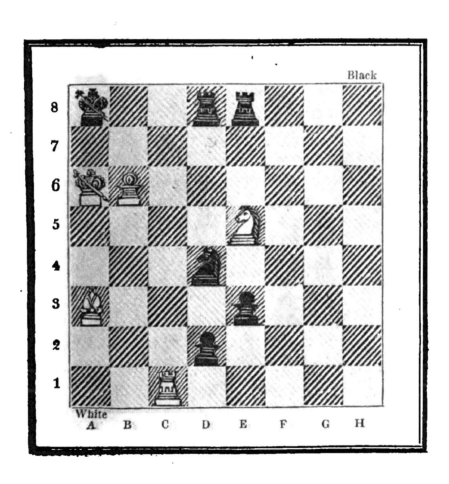

No. 24.

Check-mate in 4 moves.

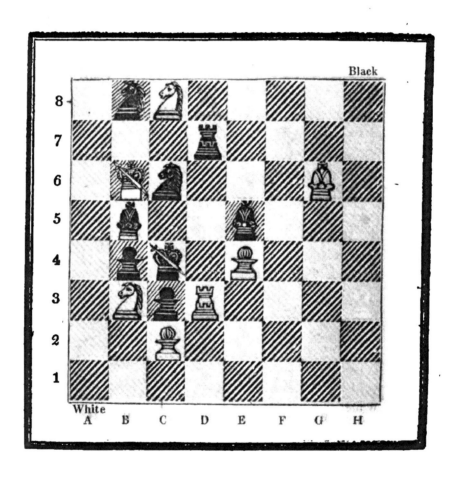

No. 25.

Check-mate in 4 moves.

No. 26.

Check-mate in 4 moves.

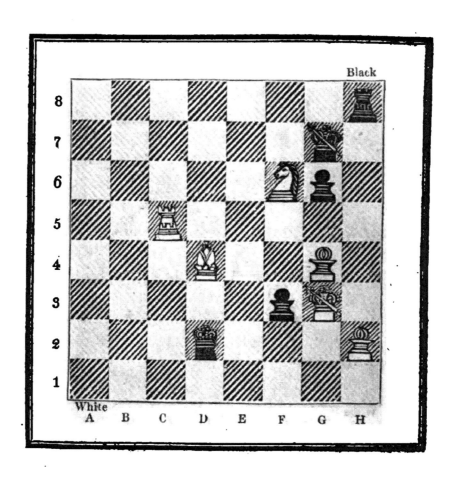

STRATAGEMS OF CHESS. 57

No. 27.

Check-mate in 4 moves.

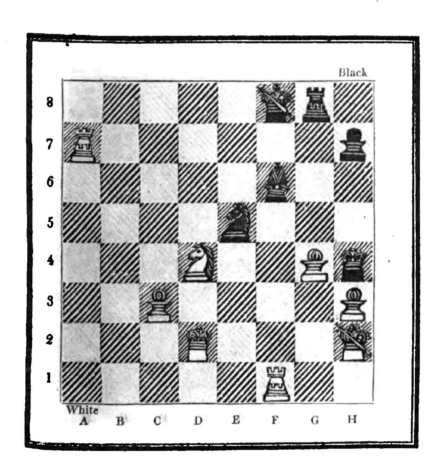

No. 28.

Check-mate in 4 moves.

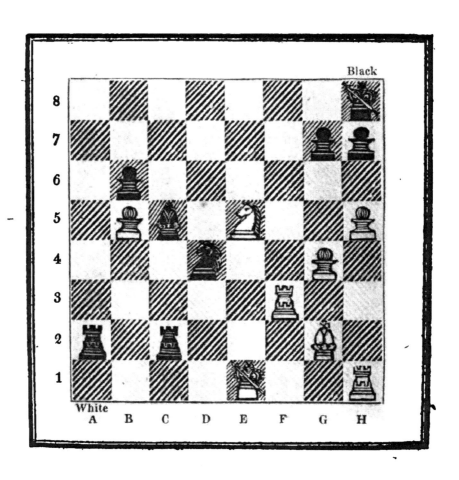

No. 29.

Check-mate in 4 moves.

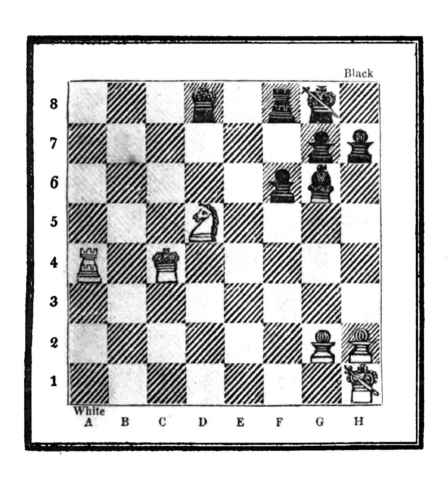

No. 30.

Check-mate in 4 moves.

No. 31.

Check-mate in 4 moves.

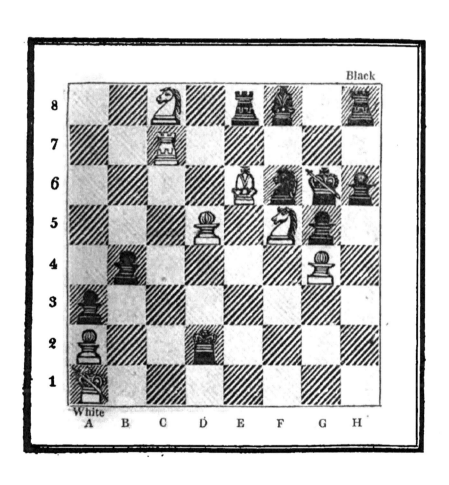

No. 32.

Check-mate in 4 moves.

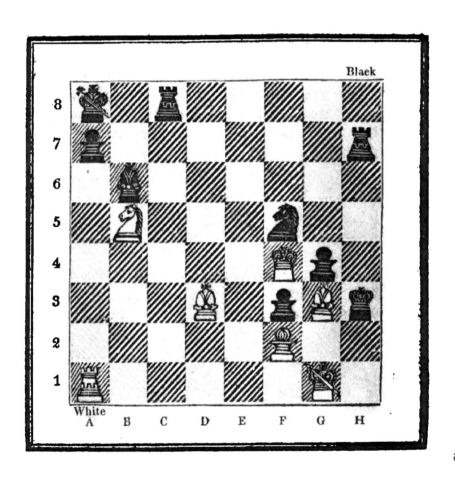

No. 33.

Check-mate in 4 moves.

No. 34.

Check-mate in 4 moves.

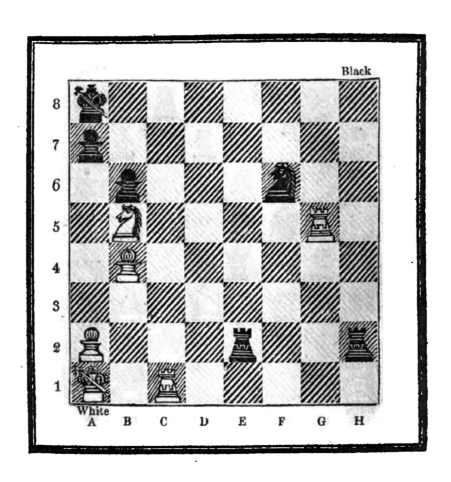

No. 35.

Check-mate in 4 moves.

No. 36.

Check-mate in 4 moves.

No. 37.

Check-mate in 4 moves.

No. 38.

Check-mate in 4 moves.

No. 39.

Check-mate in 4 moves.

70 STRATAGEMS OF CHESS.

No. 40.

Game won in 4 moves.

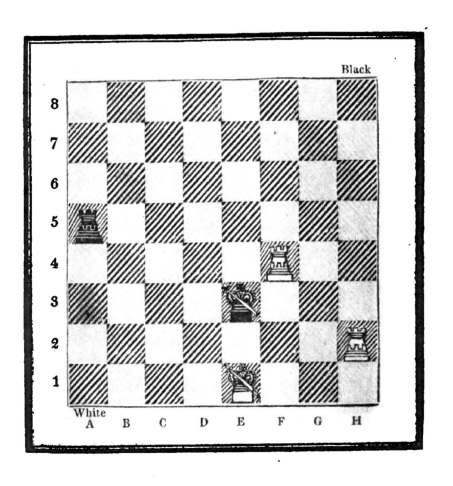

No. 41.

Check-mate in 5 moves.

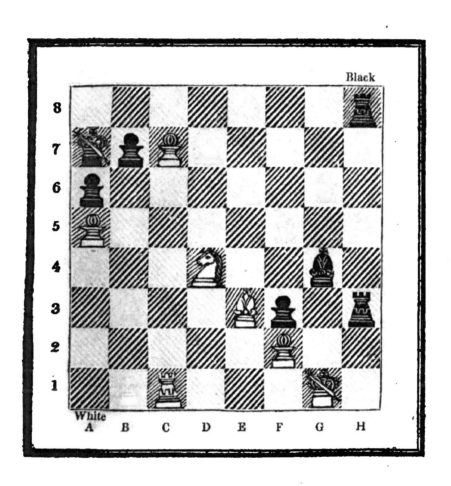

No. 42.

Check-mate in 5 moves.

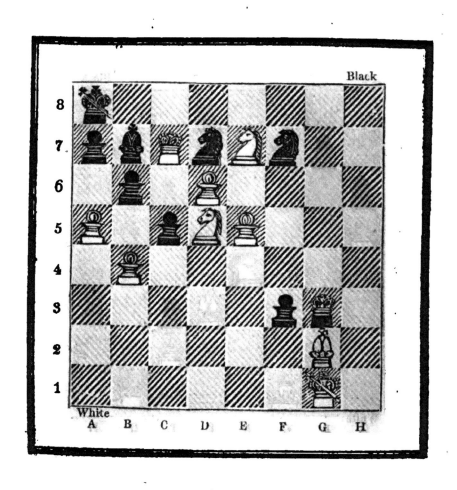

No. 43.

Check-mate in 5 moves

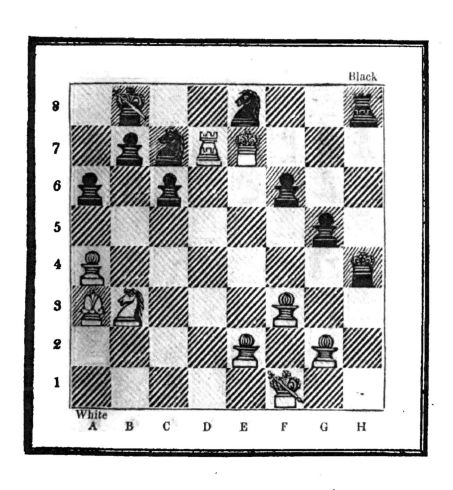

No. 44.

Check-mate in 5 moves.

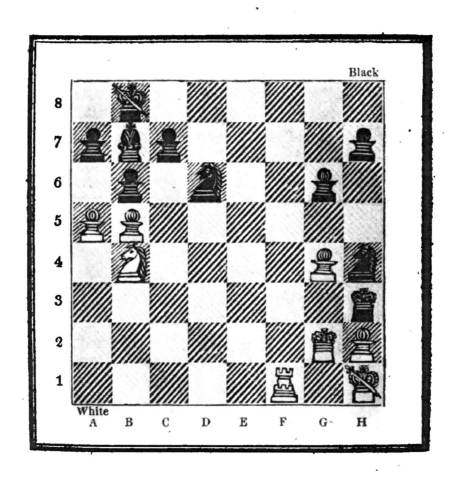

No. 45.

Check-mate in 5 moves.

No. 46.

Check-mate in 5 moves.

STRATAGEMS OF CHESS.

No. 47.

Check-mate in 5 moves.

No. 48.

Check-mate in 5 moves.

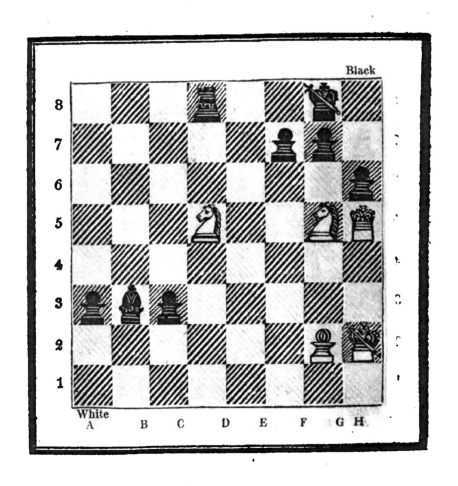

No. 49.

Check-mate in 5 moves.

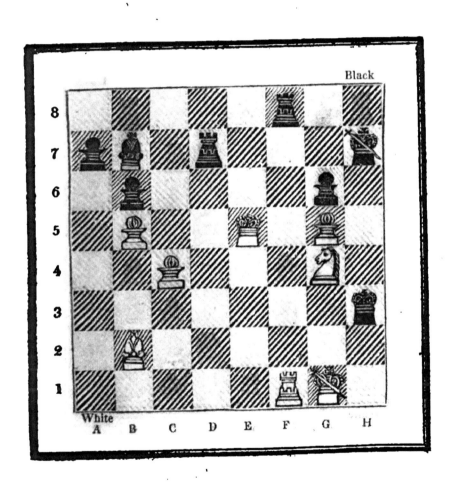

No. 50.

Check-mate in 5 moves.

No. 51.

Check-mate in 5 *moves.*

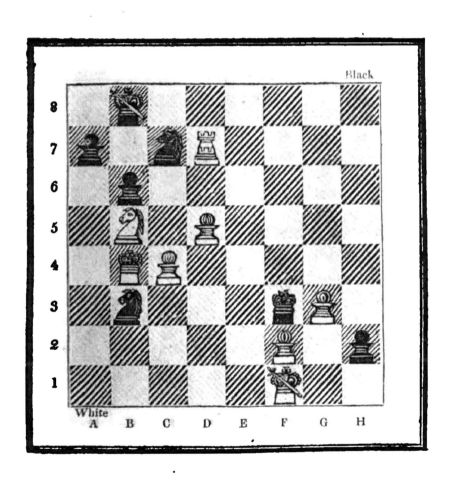

No. 52.

Check-mate in 5 moves.

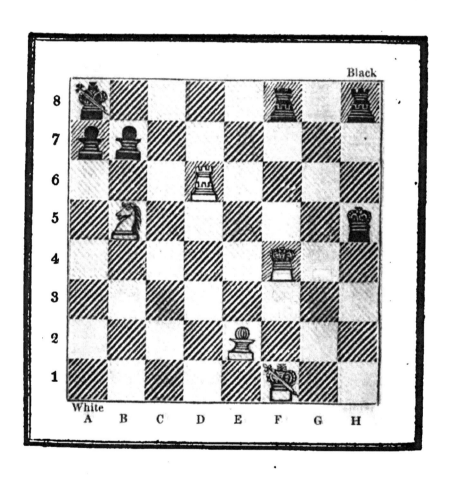

No. 53.

Check-mate in 5 moves.

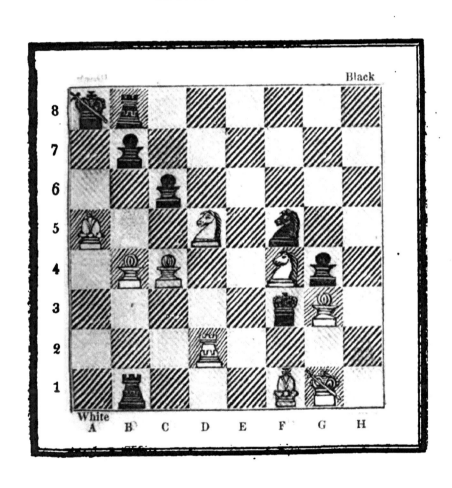

No. 54.

Check-mate in 5 moves.

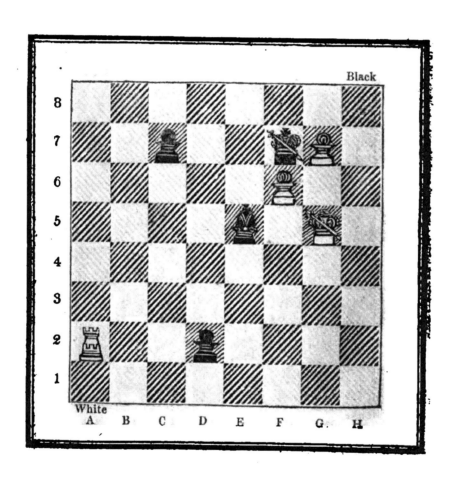

No. 55.

Check-mate in 5 moves.

No. 56.

Check-mate in 5 moves.

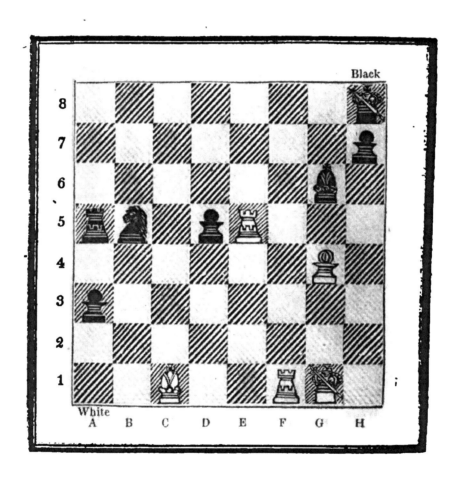

No. 57.

Check-mate in 6 moves.

No 58.

Check-mate in 6 moves.

No. 59.

Check-mate in 6 moves.

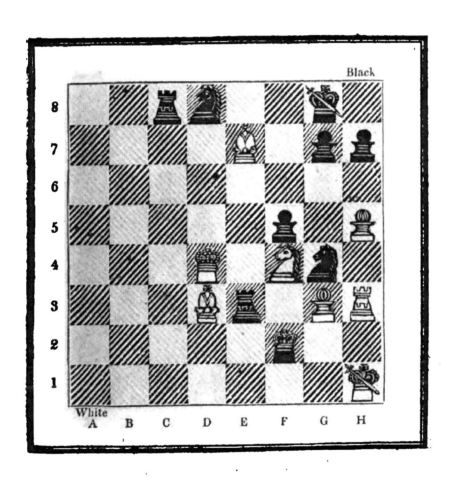

No. 60.

Check-mate in 6 moves.

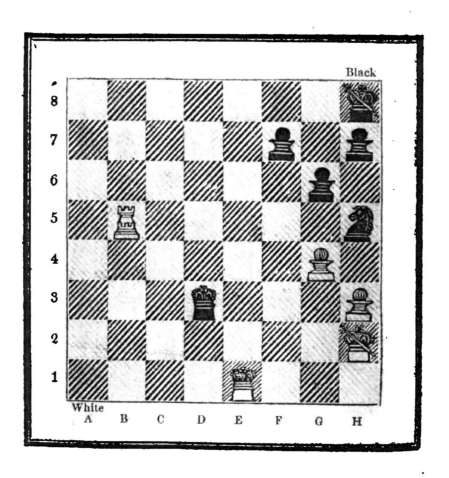

No. 61.

Check-mate in 6 moves.

No. 62.

Check-mate in 6 moves.

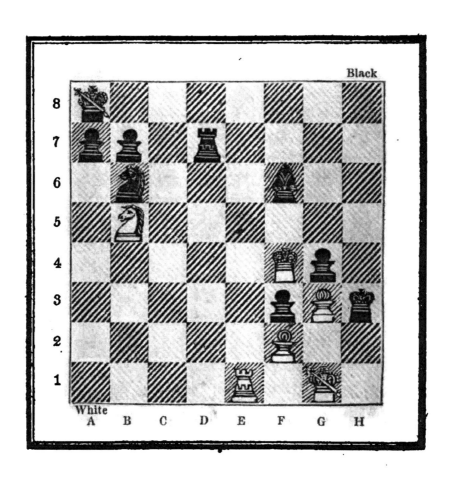

No. 63.

Check-mate in 6 moves.

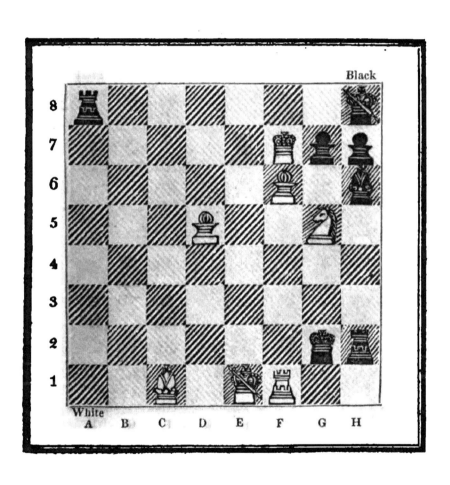

94 STRATAGEMS OF CHESS.

No. 64.

Check-mate in 6 moves.

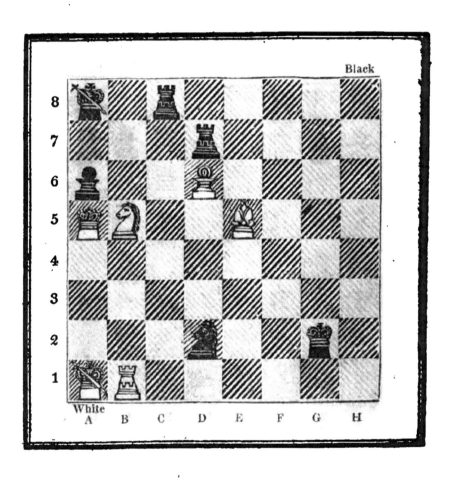

STRATAGEMS OF CHESS.

No. 65.

Check-mate in 7 moves.

No 66.

Check-mate in 7 moves.

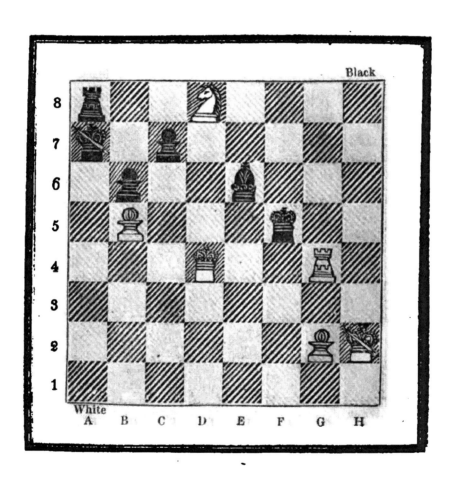

STRATAGEMS OF CHESS. 97

No. 67.

Check-mate in 7 moves.

No. 68.

Check-mate in 7 moves.

No. 69.

Check-mate in 7 moves.

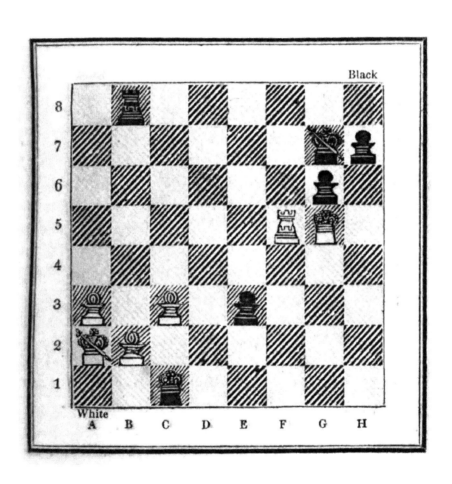

No. 70.

Check-mate in 7 moves.

No. 71.

Check-mate in 7 moves.

No. 72.

Check-mate in 7 moves.

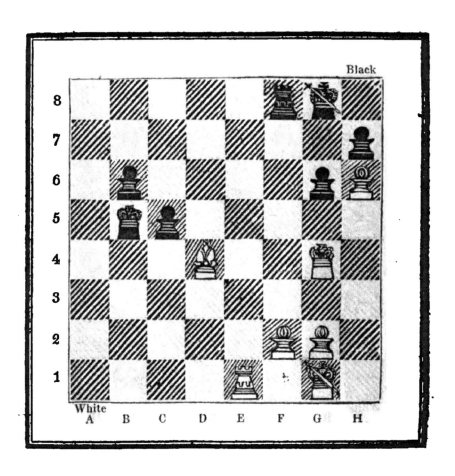

No. 73.

Check-mate in 8 moves.

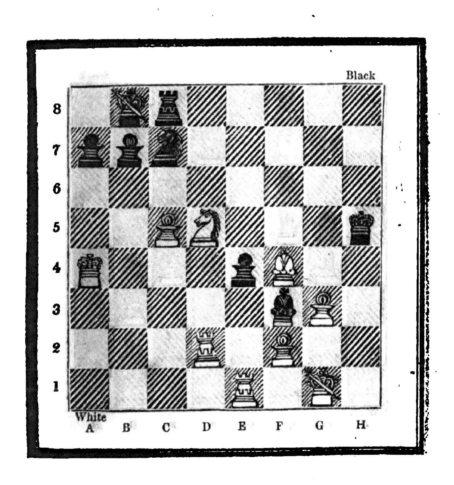

No. 74.

Check-mate in 8 moves.

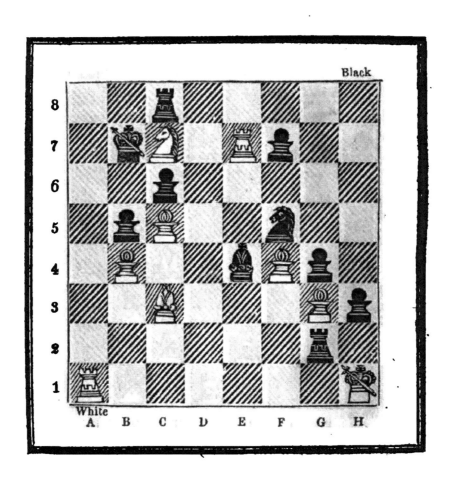

No. 75.

Check-mate in 8 moves.

No. 76.

Check-mate in 8 moves.

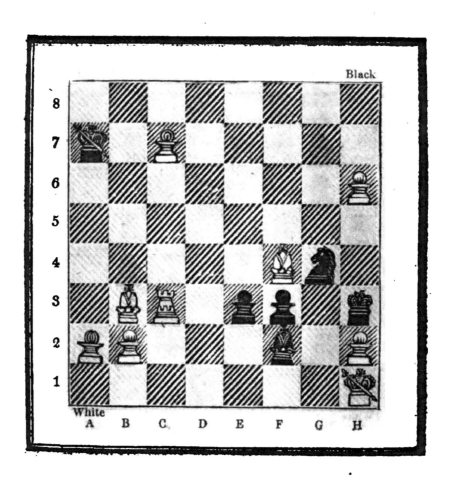

No. 77.

Check-mate in 9 moves.

No. 78.

Check-mate in 9 moves.

STRATAGEMS OF CHESS.

No. 79.

Check-mate in 9 moves.

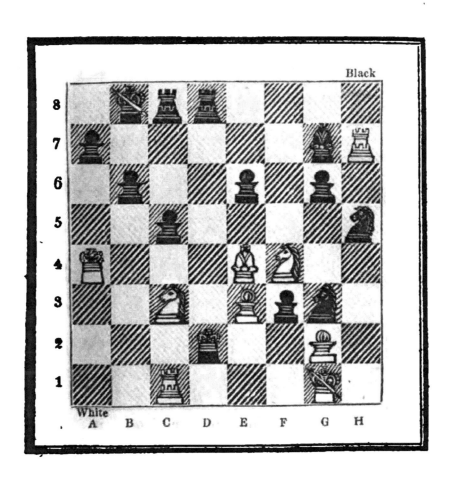

No. 80.

Check-mate in 10 *moves.*

STRATAGEMS OF CHESS.

No. 81.

Remarkable check-mates.

The white to give check-mate in 3 moves, engaging to move his pieces alternately.

No. 82.

Remarkable check-mates.

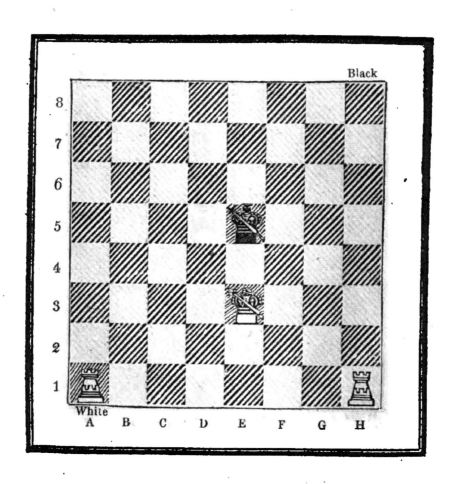

The white to give check-mate in 3 moves.

STRATAGEMS OF CHESS.

No. 83.

Remarkable check-mates.

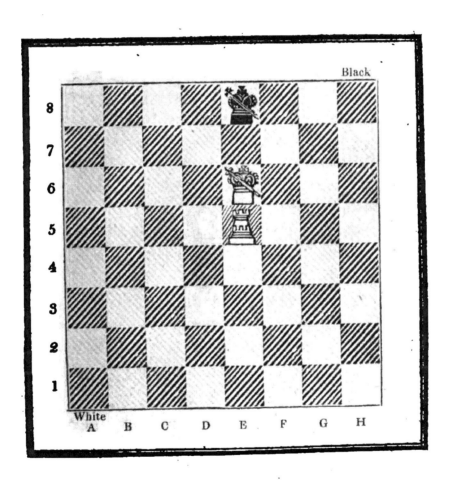

The white to give check-mate in 3 moves.

No. 84.

Remarkable check-mates.

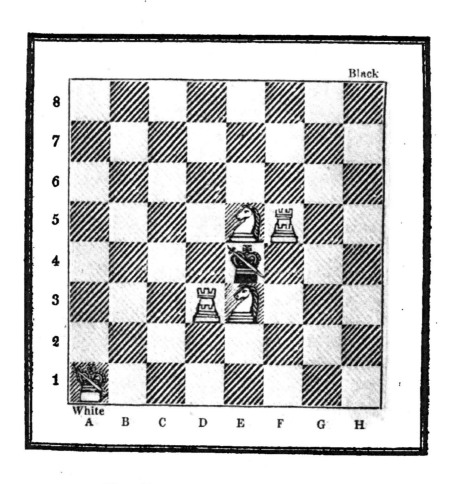

The white gives check-mate in 3 moves.

STRATAGEMS OF CHESS. 115

No. 85.

Remarkable check-mates.

The white gives check-mate in 4 moves.

No. 86.

Remarkable check-mates.

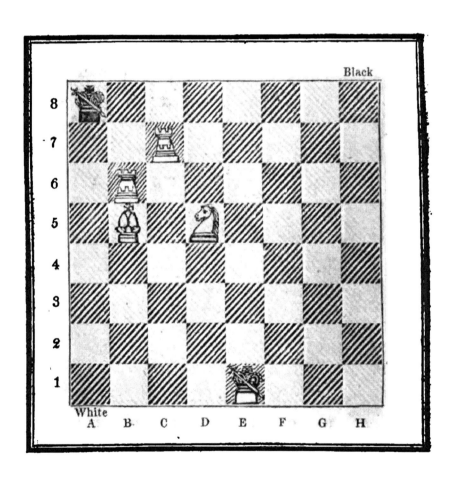

The white proposes to beat the black in 4 moves, engaging to check at every move, and not to check-mate with the bishop.

No. 87.

Remarkable check-mates.

The white will win the game in 4 moves, on condition that both he and his adversary shall give check at every move alternately.

No. 88.

Remarkable check-mates.

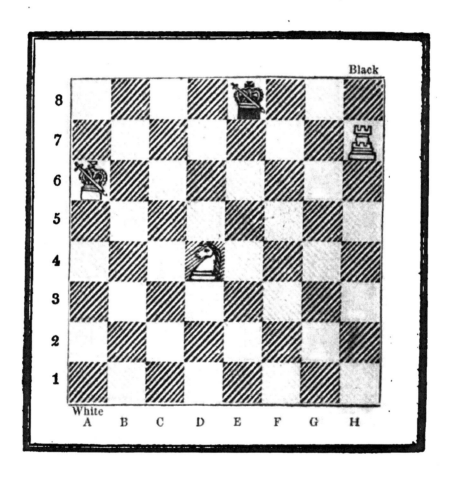

The white undertakes to give check-mate in 10 moves, without moving his king at all, or his castle more than once.

STRATAGEMS OF CHESS. 119

No. 89.

Capt Pawns.

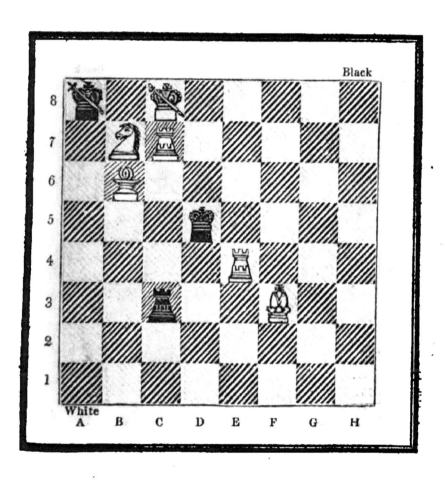

The white will give check-mate in 4 moves with the pawn.

No. 90.

Capt Pawns.

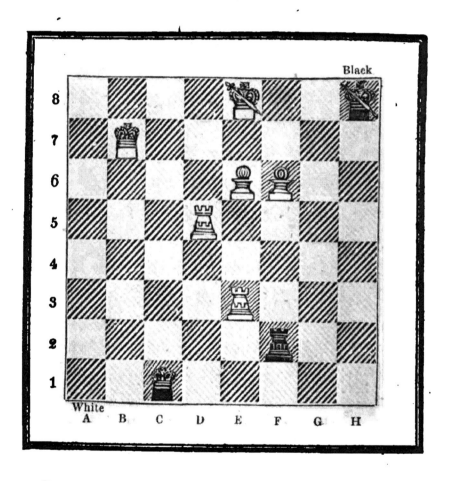

The white to give check-mate in 5 moves with the pawn on square E 6, without moving his king.

No. 91.

Capt Pawns.

The white offers to give check-mate in 5 moves with the pawn on E 5, though the pawn itself is in check.

No. 92.

Capt Pawns.

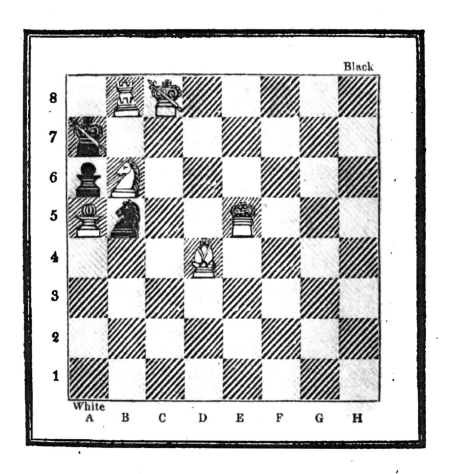

The white gives check-mate in 5 moves with his pawn.

No. 93.

Capt Pawns.

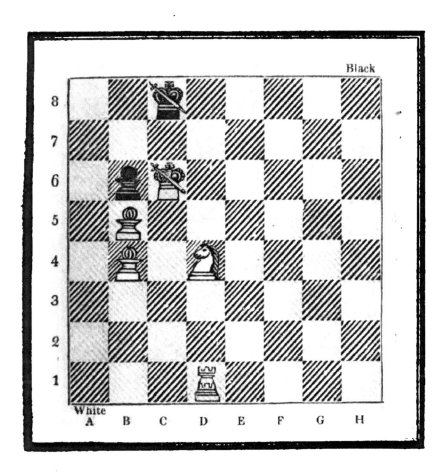

The white obliges himself to give check-mate in 5 moves with his pawn on square B 4.

No. 94.

Capt Pawns.

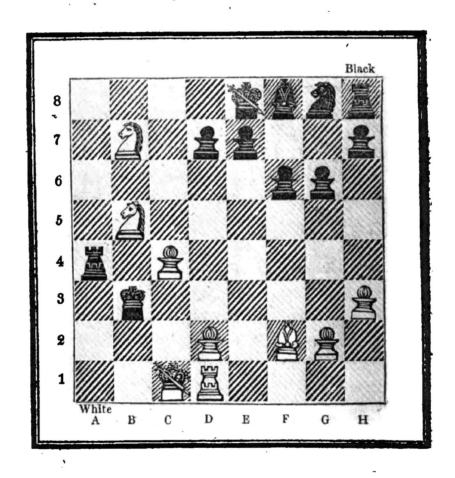

The white will give check-mate in 5 moves with a pawn.

STRATAGEMS OF CHESS.

No. 95.

Capt Pawns.

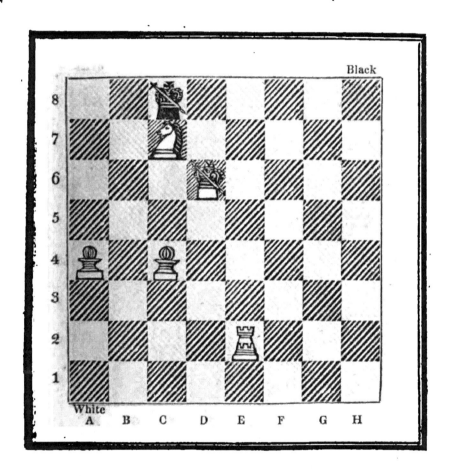

The white engages to give check-mate in 5 moves with either of his pawns, at the option of the black.

No. 96.

Capt Pawns.

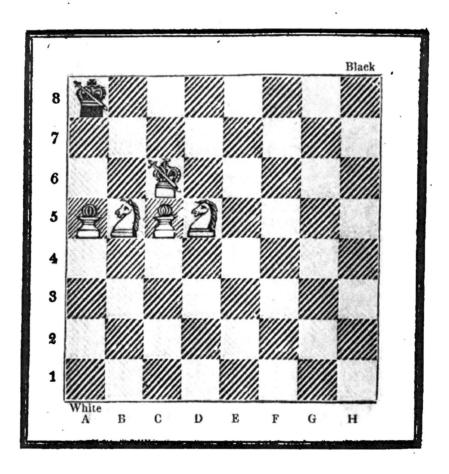

The white to give check with one of his pawns, and in the next move check-mate with the other pawn.

No. 97.

Capt Pawns.

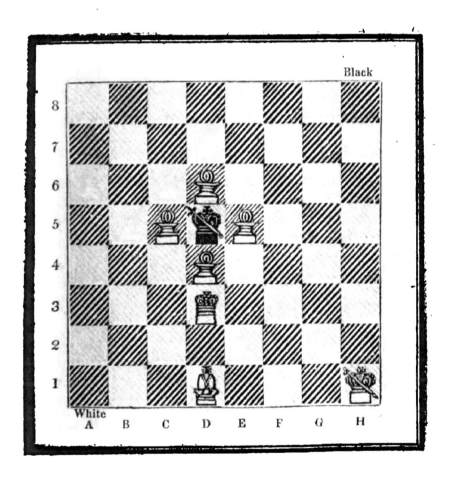

The white engages to give check-mate in 9 moves at most with his pawn now on square D 4.

No. 98.

Capt Pawns.

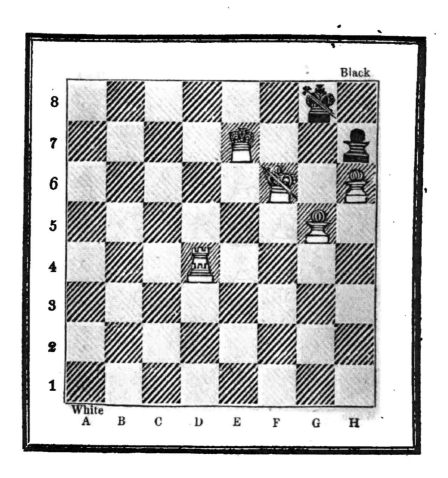

The white will give check-mate in 9 moves with a pawn, and without capturing the black pawn.

No. 99.

Capt Pawns.

The white engages to check-mate in 9 moves with his pawn, without taking any of the adversary's pawns.

No. 100.

Capt Pawns.

The white to give check-mate in 10 moves with his pawn, without capturing the black pawn.

No. 101.

Capt Pawns.

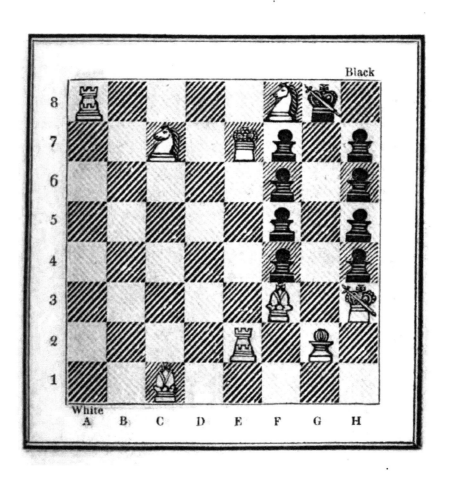

No. 102.

Capt Pawns.

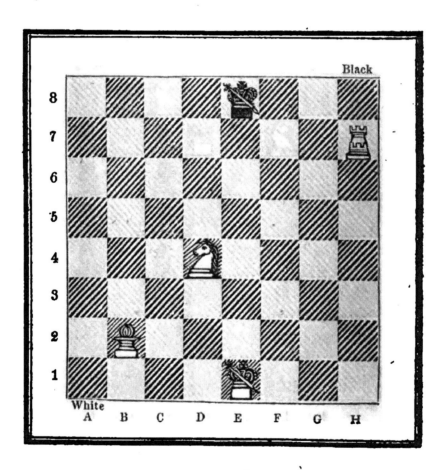

The white will give check-mate in 19 moves with his pawn, without playing either the king or castle.

No. 103.

Stale-mates.

134 STRATAGEMS OF CHESS.

No. 104.

Stale-mates.

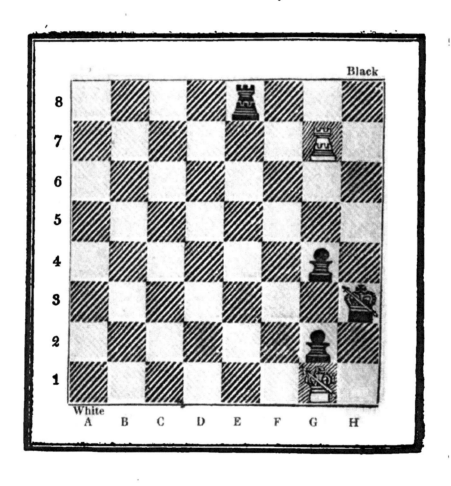

No. 105.

Stale-mates.

No. 106.

Stale-mates.

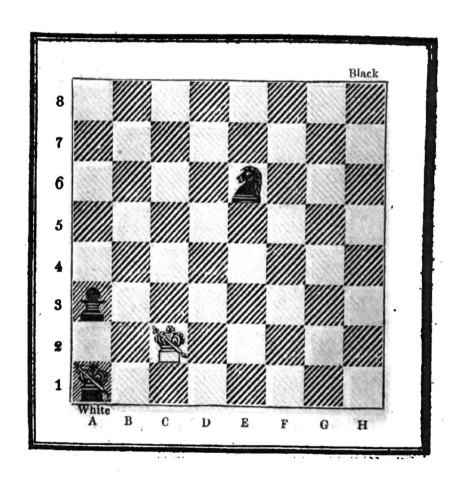

No. 107.

Stale-mates.

No. 108.

Stale-mates.

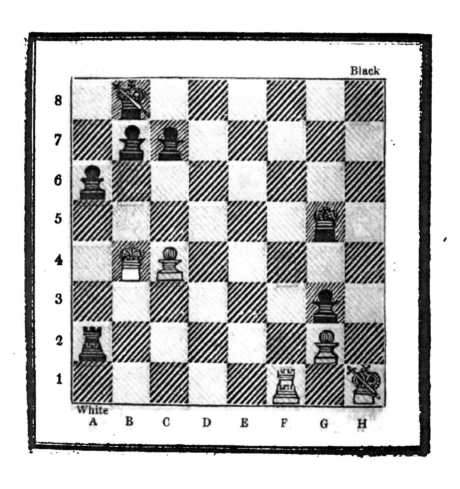

No. 109.

Stale-mates.

No. 110.

Stale-mates.

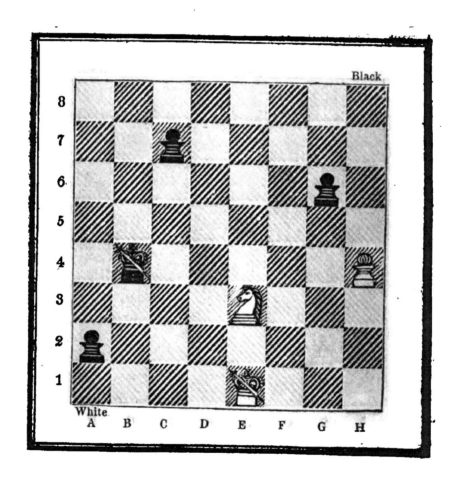

No. 111.

Forced Stale-mates.

The white compels the black to give stale-mate in 4 moves.

No. 112.

Forced Stale-mates.

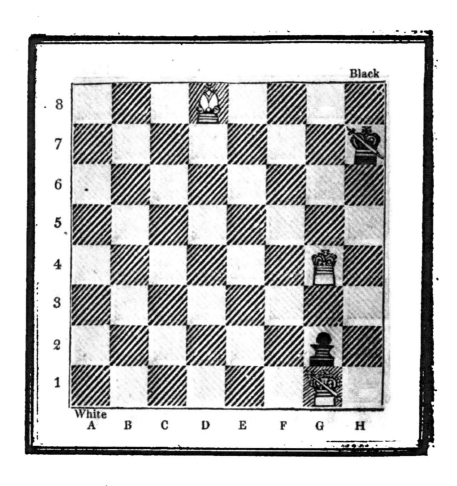

The white compels the black to give stale-mate in 5 moves.

STRATAGEMS OF CHESS. 143

No. 113.

Forced Stale-mates.

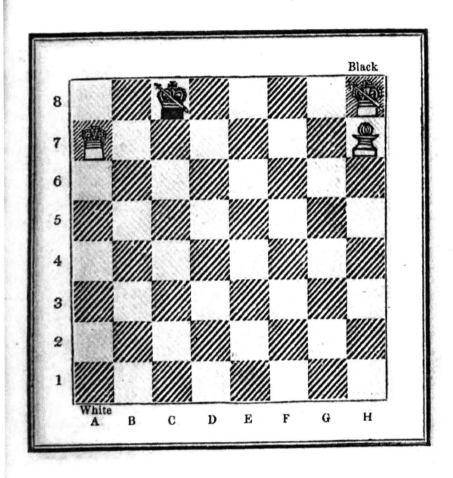

The white obtains a stale-mate in 6 moves.

No. 114.

Forced Stale-mates.

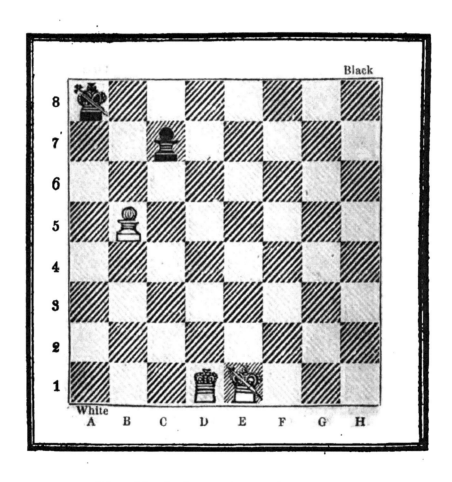

The white obtains a stale-mate in 18 moves.

No. 115.

Game in which whoever gives check-mate loses.

The white compels the black to give check-mate in 3 moves with the bishop.

146 STRATAGEMS OF CHESS.

No. 116.

Game in which whoever gives check-mate loses.

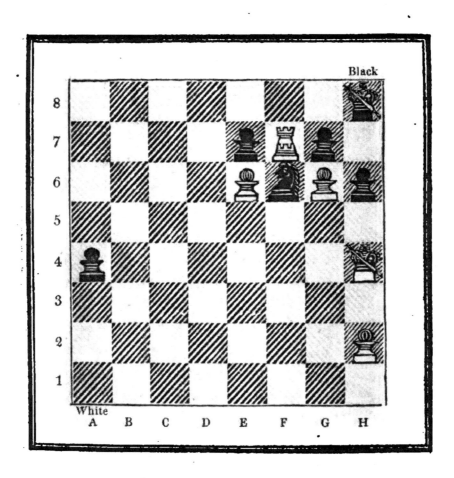

The white compels the black to give check-mate in 5 moves with the knight.

No. 117.

Game in which whoever gives check-mate loses.

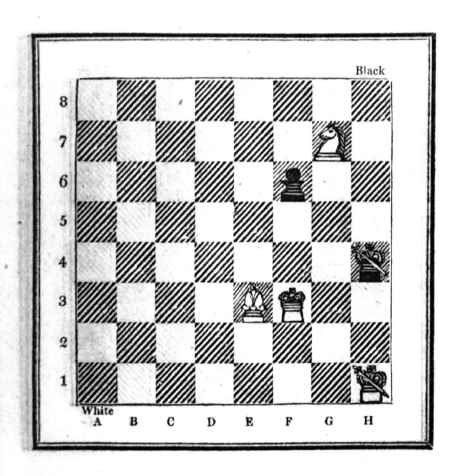

The white forces the black to give check-mate in 5 moves with the pawn.

No. 118.

Game in which whoever gives check-mate loses.

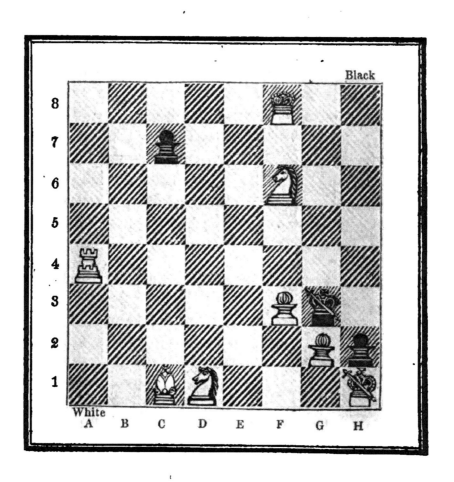

The white obliges the black to give check-mate in 5 moves with the queen's bishop's pawn.

No. 119.

Game in which whoever gives check-mate loses.

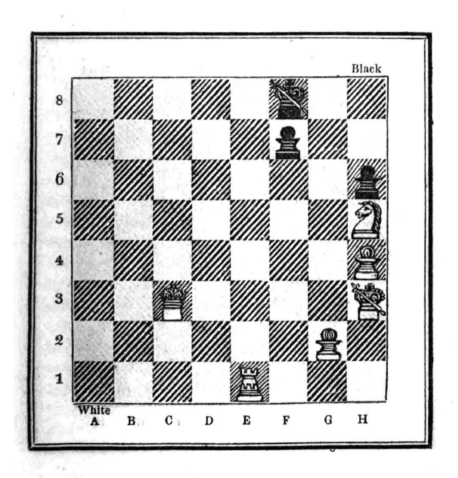

The white compels the black to give check-mate in 12 moves with his bishop's pawn.

No. 120.

Game in which whoever gives check-mate loses.

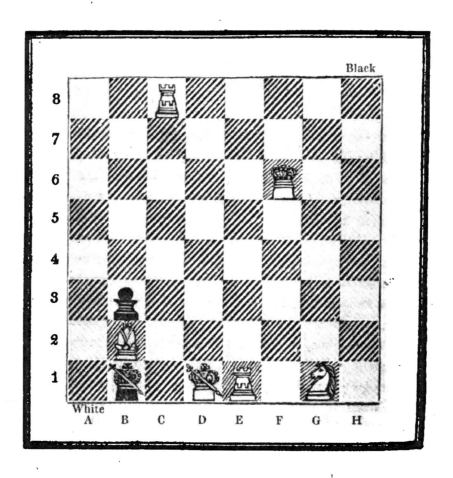

The white forces the black to give check-mate in 21 moves, engaging not to move his king.

CHAPTER I.

Of Check-mates, or Conclusions of the ordinary Games.

This chapter comprehends the greater part of the critical situations and moves in the collection, and which will be found alike interesting and instructive. By these situations both players appear with forces nearly equal, and it is only in consequence of position, and having the move, that one player has the advantage of the other. These conclusions of games may be considered as embracing two different cases: the one is, that the white who have the move are apparently desperately situated, being threatened with an immediate check-mate, or which they cannot avoid but by submitting to great sacrifices which seem equally to involve the loss of the game. Thus situated, it only remains for the white to endeavour to give their opponent check-mate by incessant checks. The check-mates brought about by successive checks, may be considered as arising out of one or other of the following cases.

1. When the sacrifice of one or more pieces is made to obtain an opening upon the adversary in order to bring

into action other pieces by which check-mate is to be given.

2. When sacrifices are made to interdict squares to the adversary's king, and to oblige him to occupy these squares with his own pieces, or to drive away the pieces from these squares, when they would prevent your own men from acting with effect. The smothered check-mates are of this description.

3. When pieces are sacrificed to compel the opponent king to quit the post in which he had entrenched himself, and to arrive at a spot where he will be vanquished.

4. Finally, when by giving up some pieces you succeed in confining his king to a particular line of the board, so as afterwards to give him check-mate with your castle or another of your pieces.

The other case is that in which the white, though pretty equal to the black in point of game and situation, might frequently lose or only obtain a drawn game, succeed by having the move, in effecting a dextrous manœuvre and win the game.

The whole of these situations may be considered as conclusions of games which frequently occur. Stamma, Lolli, and other eminent masters, afford many similar examples, and every player on consulting this work will recollect having met with many such instances in the course of his practice.

In this chapter, as well as throughout the work, we commence with such check-mates as are easiest, viz. by those which are effected in two or three moves, and so on progressively, classing the different games in the manner above described. The simple moves will thus serve as an introduction to the more complicated ones; and it is obvious that it will be easier for a person to find out the means of giving check-mate in six moves, after being expert in solving similar cases requiring to be effected in three or four moves:

Description of the Moves,

Or Solution of the various Problems and critical Situations which are illustrated upon Plates.

---

† Denotes that check is given to the king.
* Denotes that a piece is taken by this move.

No. 1.

1. White queen from C 3 to C 5†.
   Black pawn ...... D 6 to C 5*.
2. White castle ...... C 8 to D 8†.
                                  Check-mate.

No. 2.

1. White castle from D 7 to D 8†.
   Black king ...... C 8 to D 8*.
2. White queen ...... F 7 to D 7†.
                                    Check-mate.

Variation.

1. White castle from D 7 to D 8†.
   Black castle ...... F 8 to D 8*.
2. White queen ...... F 7 to B 7†.
                                  Check-mate.

No 3.

1. White queen from H 4 to H 7*†.
   Black queen ...... G 6 to H 7*.
2. White knight ...... G 5 to F 7†.
                                                  Check-mate.

No. 4.

1. White castle from E 7 to C 7†.
   Black bishop ...... B 6 to C 7*†.
2. White knight ...... B 5 to A 7†.
                                                    Check-mate.

No. 5.

1. White queen from F 3 to B 3†.
   Black king ...... A 4 to A 5.
2. White queen ...... B 3 to B 5*†.
   Black pawn ...... A 6 to B 5*.
3. White castle ...... B 8 to A 8†.
                                                  Check-mate.

No. 6.

1. White bishop from A 6 to B 7†.
   Black castle ...... B 8 to B 7*.
2. White castle ...... C 7 to C 8†.
   Black castle ...... B 7 to B 8.
3. White knight ...... D 5 to C 7†.
                                                Check-mate.

No. 7.

1. White queen from C 4 to A 6*†.
   Black knight ...... B 4 to A 6*.
2. White bishop ...... E 4 to B 7*†.
   Black king ...... A 8 to A 7.
3. White knight .. ... D 4 to C 6†.
                                                Check-mate.

No. 8.

1. White knight from D 4 to F 5*†.
   Black pawn ...... E 6 to F 5*.
2. White bishop ...... C 3 to E 5†.
   Black king ...... D 6 to E 6.
3. White knight ...... D 3 to C 5†.
                                                Check-mate.

Variation

1. White knight from D 4 to F 5 *†.
   Black castle ...... F 7 to F 5 *.
2. White bishop ...... C 3 to E 5 †.
   Black castle ...... F 5 to E 5 *.
3. White pawn ...... F 4 to E 5 *†.
           Check-mate.

No. 9.

1. White queen from E 4 to H 7 †.
   Black knight ...... F 6 to H 7 *.
2. White knight ...... F 8 to G 6 †.
   Black king ...... H 8 to G 8.
3. White bishop ...... G 2 to D 5 †.
           Check-mate.

No. 10.

1. White queen from B 3 to F 7 *†.
   Black king ...... E 8 to D 8.
2. White queen ...... F 7 to D 7 *†.
   Black knight ...... F 6 to D 7 *.
3. White knight ...... E 5 to F 7 †.
           Check-mate.

No. 11.

1. White knight from C 3 to B 5 †.
   Black bishop ...... E 8 to B 5 *.
2. White knight ...... D 6 to C 8 †.
   Black king ...... A 7 to A 6 *.
3. White pawn ...... B 7 to B 8 claims the knight, and gives check-mate.

Variation.

1. White knight from C 3 to B 5 †.
   Black king ...... A 7 to A 6 *.
2. White knight ...... B 5 to C 7 †.
   Black king ...... A 6 to A 7.
3. White knight ...... D 6 to C 8 †.
   Black king ...... A 7 to B 8.
4. White knight ...... C 7 to A 6 †.
           Check-mate.

No. 12.

1. White queen from G 2 to G 4 †.
   Black bishop ...... E 6 to G 4 *.
2. White castle ...... G 6 to H 6 *†.
   Black pawn ...... G 7 to H 6 *.
3. White bishop ...... B 3 to F 7 †.
                           Check-mate.

No. 13.

1. White castle from F 1 to H 1 †.
   Black castle ...... G 2 to H 2.
2. White castle ...... B 7 to H 7 †.
   Black castle ...... H 2 to H 7 *.
3. White pawn ...... G 6 to G 7 †.
                           Check-mate.

No. 14.

1. White castle from B 1 to B 8 †.
   Black knight ...... F 5 to C 8.
2. White queen ...... A 4 to D 7 †.
   Black knight ...... F 8 to D 7 *.
3. White knight ...... C 5 to B 7 †.
                           Check-mate.

No. 15.

1. White bishop from A 5 to B 6 †.
   Black king ...... A 7 to B 6 *.
2. White pawn ...... C 7 to C 8 claims a knight †.
   Black king ...... B 6 to A 5.
3. White pawn ...... B 2 to B 4 †.
                           Check-mate.

Variation.

1. White bishop from A 5 to B 6 †.
   Black king ...... A 7 to A 8.
2. White pawn ...... C 7 to C 8 claims the queen, and gives check-mate.

No. 16.

1. White knight from F 2 to G 4†.
   Black castle ...... G 6 to G 4*.
2. White castle ...... F 1 to F 5†.
   Black king ...... E 5 to F 5*.
3. White castle ...... D 1 to D 5†.
   Check-mate.

No. 17.

1. White king from D 5 to C 4.
   Black pawn ...... A 3 to A 2.
2. White king ...... C 4 to B 3.
   * Black pawn ...... A 2 to A 1 claims queen.
3. White castle ...... E 4 to E 1†.
   Check-mate.

* If the pawn in this instance had claimed a knight, instead of the queen, he would have put his adversary's king in check, and thereby saved the game.

[handwritten: If he leave the pawn to its fate he will hold out more than three moves]

No. 18.

1. White queen from D 4 to D 8*†.
   Black castle ...... C 8 to D 8*.
2. White bishop ...... D 3 to C 4†.
   Black king ...... G 8 to H 8.
3. White knight ...... F 4 to G 6†.
   Check-mate.

Variation.

1. White queen from D 4 to D 8*†.
   Black king ...... G 8 to F 7.
2. White bishop ...... D 3 to C 4†.
   Black castle ...... C 8 to C 4*.
3. White queen ...... D 8 to F 8†.
   Check-mate.

No. 19.

1. White castle from B 1 to B 8†.
   Black king ..... C 8 to B 8*.
2. White bishop ...... A 3 to D 6*†.
   Black king ...... B 8 to C 8.
3. White knight ...... A 4 to B 6†.
   Black king ...... C 8 to D 8.
4. White bishop ...... D 6 to C 7†.
                                                Check-mate.

No. 20.

1. White knight from F 4 to G 6†.
   Black king ...... H 8 to G 8.
2. White knight ...... G 6 to E 7†.
   Black king ...... G 8 to H 8.
3. White castle ...... H 1 to H 7*†.
   Black king ...... H 8 to H 7*.
4. White castle ...... C 1 to H 1†.
                                                  Check-mate.

Variation.

1. White knight from F 4 to G 6†.
   Black pawn ...... F 7 to G 6*.
2. White castle ...... H 1 to H 7*†.
   Black king ...... H 8 to H 7*.
3. White castle ...... C 1 to H 1†.
                                                Check-mate.

No. 21.

1. White castle from A 1 to A 7.
   Black queen ...... B 7 to A 7*†.
2. White pawn ...... C 4 to C 5†.
   Black king ...... F 7 to G 6.
3. White pawn ...... F 4 to F 5†.
   Black king ...... G 6 to H 7*.
4. White castle ...... E 2 to H 2†.
                                                Check-mate.

No. 22.

1. White pawn   from   G 5 to G 6 †.
   Black king   ...... H 7 to H 8.
2. White pawn   ...... G 6 to G 7 †.
   Black king   ...... H 8 to H 7.
3. White castle   ...... F 6 to H 6 * †.
   Black castle   ...... H 1 to H 6 *.
4. White knight   ...... E 6 to G 5 †.
                                        Check-mate.

No. 23.

1. White castle   from   C 1 to C 8 †.
   Black castle   ...... D 8 to C 8 *.
2. White pawn   ...... B 6 to B 7 †.
   Black king   ...... A 8 to B 8.
3. White bishop   ...... A 3 to D 6 †.
   Black castle   ...... C 8 to C 7.
4. White knight   ...... E 5 to D 7 †.
                                        Check-mate.

No. 24.

1. White bishop   from   G 6 to F 7 †.
   Black castle   ...... D 7 to F 7 *.
2. White knight   ...... C 8 to D 6 †.
   Black bishop   ...... E 5 to D 6 *.
3. White castle   ...... D 3 to D 4 †.
   Black knight   ...... C 6 to D 4 *.
4. White knight   ...... B 3 to A 5 †.
                                        Check-mate.

No. 25.

1. White knight   from   F 5 to E 7 †.
   Black bishop   ...... D 6 to E 7 *.
2. White castle   ...... G 5 to C 5 †.
   Black bishop   ...... E 7 to C 5 *.
3. White bishop   ...... C 2 to E 4 †.
   Black knight   ...... C 3 to E 4 *.
4. White pawn   ...... D 4 to D 5 †.
                                        Check-mate.

No. 26.

1. White castle from C 5 to C 7†.
   Black queen ...... G 7 to H 6.
2. White castle ...... C 7 to H 7†.
   Black castle ...... H 8 to H 7*.
3. White knight ...... F 6 to G 8†.
   Black king ...... H 6 to G 5.
4. White bishop ...... D 4 to F 6†.
   Check-mate.

Variation, No. 1.

1. White castle from C 5 to C 7†
   Black king ...... G 7 to H 6.
2. White castle ...... C 7 to H 7†.
   Black king ...... H 6 to G 5.
3. White knight ...... F 6 to E 4†.
   Check-mate.

Variation, No. 2.

1. White castle from C 5 to C 7†.
   Black king ...... G 7 to F 8.
2. White bishop ...... D 4 to C 5†.
   Check-mate.

No. 27.

1. White knight from D 4 to E 6†.
   Black king ...... F 8 to E 8.
2. White queen ...... D 2 to D 8†.
   Black bishop ...... F 6 to D 8*.
3. White castle ...... F 1 to F 8†.
   Black castle ...... G 8 to F 8*.
4. White knight ...... E 6 to G 7†.
   Check-mate.

No. 28.

1. White castle from F 3 to F 8†.
   Black bishop ...... C 5 to F 8*.
2. White knight ...... E 5 to G 6†.
   Black pawn ...... H 7 to G 6*.
3. White pawn ...... H 5 to G 6*†.
   Black king ...... H 8 to G 8.
4. White bishop ...... G 2 to D 5†.
   Check-mate.

No. 29.

1. White knight from D 5 to E 7 †.
   Black king ...... G 8 to H 8.
2. White queen ...... C 4 to G 8 †.
   Black castle ...... F 8 to G 8 *.
3. White knight ...... E 7 to G 6 * †.
   Black pawn ...... H 7 to G 6 *.
4. White castle ...... A 4 to H 4 †.
          Check-mate.

No. 30.

1. White pawn from D 6 to D 7 †.
   Black bishop ...... E 8 to D 7 *.
2. White castle ...... B 7 to B 8 †.
   Black king ...... C 8 to B 8 *.
3. White pawn ...... A 6 to A 7 †.
   Black king ...... B 8 to A 8.
4. White knight ...... D 5 to C 7 †.
          Check-mate.

No. 31.

1. White castle from C 7 to G 7 †.
   Black bishop ...... F 8 to G 7 *.
2. White knight ...... F 5 to E 7 †.
   Black castle ...... E 8 to E 7 *.
3. White knight ...... C 8 to E 7 * †.
   Black king ...... G 6 to H 7.
4. White bishop ...... E 6 to F 5 †.
          Check-mate.

No 32.

1. White bishop from D 3 to E 4 †.
   Black castle ...... H 7 to B 7.
2. White queen ...... F 4 to B 8 †.
   Black castle ...... C 8 to B 8 *.
3. White castle ...... A 1 to A 7 * †.
   Black castle ...... B 6 to A 7 *.
4. White knight ...... B 5 to C 7 †.
          Check-mate.

No. 33.

1. White castle from A 1 to A 5 †.
   Black king ...... B 5 to A 5 *.
2. White queen ...... D 5 to C 5 * †.
   Black pawn ...... D 6 to C 5 *.
3. White knight ...... E 3 to C 4 †.
   Black king ...... A 5 to B 5.
4. White castle ...... G 6 to B 6 †.
                                   Check-mate.

The Same, varied.

1. White castle from A 1 to A 5 †.
   Black king ...... B 5 to B 6.
2. White queen ...... D 5 to C 5 * †.
                                   Check-mate.

No. 34.

1. White castle from C 1 to C 8 †.
   Black king ...... A 8 to B 7.
2. White knight ...... B 5 to D 6 †.
   Black king ...... B 7 to A 6.
3. White castle ...... G 5 to A 5 †.
   Black pawn ...... B 6 to A 5 *.
4. White castle ...... C 8 to C 6 †.
                                   Check-mate.

No. 35.

1. White castle from F 1 to F 8 †.
   Black king ...... G 8 to H 7.
2. White queen ...... C 6 to G 6 †.
   Black bishop ...... E 4 to G 6 *.
3. White pawn ...... H 5 to G 6 * †.
   Black king ...... H 7 to G 6 *.
4. White bishop ...... B 5 to D 3 †.
                                   Check-mate.

The Same, varied.

1. White castle from F 1 to F 8 †.
   Black king ...... G 8 to F 8 *.
2. White queen ...... C 5 to E 8 †.
                                   Check-mate.

No. 36.

1. White bishop from E 3 to B 6†.
   Black king ...... D 8 to E 8.
2. White knight ...... C 4 to D 6†.
   Black king ...... E 8 to E 7.
3. White queen ...... G 2 to G 5†.
   Black king ...... E 7 to D 6*.
4. White queen ...... G 5 to C 5†.
   Check-mate.

The Same, varied.

1. White bishop from E 3 to B 6†.
   Black king ...... D 8 to E 7.
2. White queen ...... G 2 to G 5†.
   Black king ...... E 7 to E 8 or to F 7.
3. White knight ...... C 4 to D 6†.
   Check-mate.

No. 37.

1. White castle from E 3 to E 5†.
   Black king ...... G 5 to H 6.
2. White queen ...... F 2 to H 4†.
   Black king ...... H 6 to G 7.
3. White queen ...... H 4 to H 7*†.
   Black king ...... G 7 to F 6* or to F 8.
4. White queen ...... 8 7 to H 8†.
   Check-mate.

No. 38.

1. White castle from E 2 to G 2†.
   Black king ...... G 8 to F 8.
2. White knight ...... E 5 to D 7†.
   Black castle ...... C 7 to D 7*.
3. White castle ...... E 1 to E 8†.
   Black king ...... F 8 to E 8*.
4. White castle ...... G 2 to G 8†.
   Check-mate.

No 39.

1. White knight from G 8 to F 6.
   Black pawn ..... G 6 to G 5.
2. White knight ...... F 6 to G 4†.
   Black king ...... H 2 to H 1.
3. White king ...... F 2 to F 1.
   Black pawn ...... H 3 to H 2.
4. White knight ...... G 4 to F 2†.
                                       Check-mate.

The Same, varied.

1. White knight from G 8 to F 6.
   Black king ...... H 2 to H 1.
2. White knight ...... F 6 to G 4.
   Black pawn ...... H 3 to H 2.
3. White king ...... F 2 to F 1.
   Black pawn ...... G 6 to G 5.
4. White knight ...... G 4 to F 2†.
                                         Check-mate.

No. 40.

1. White castle from F 4 to A 4.
   Black castle ...... A 5 to A 4*.
2. White castle ...... H 2 to H 3.†
   Black king ...... E 3 to D 4.
3. White castle ...... H 3 to H 4.
   Black king ...... D 4 to E 5.
4. White castle ...... H 4 to A 4*. †
                                   A drawn game.

No. 41.

1. White knight from D 4 to F 5†.
   Black pawn ...... B 7 to B 6.
2. White pawn ...... A 5 to B 6*†.
   Black king ...... A 7 to A 8.
3. White pawn ...... C 7 to C 8 claims queen†
   Black castle ...... H 8 to C 8*.
4. White castle ...... C 1 to C 8*†.
   Black king ...... A 8 to B 7.
5. White knight ...... F 5 to D 6†.
                                     Check-mate.

The Same, varied.

1. White knight from D 4 to F 5†.
   Black pawn ...... B 7 to B 6.
2. White pawn ...... A 5 to B 6*†.
   Black king ...... A 7 to B 7.
3. White knight ...... F 5 to D 6†.
   Black king ...... B 7 to A 8.
4. White pawn ...... B 6 to B 7†.
           Check-mate.

No. 42.

1. White queen from C 7 to C 8†.
   Black bishop ...... B 7 to C 8*.
2. White knight ...... D 5 to C 7†.
   Black king ...... A 8 to B 8.
3. White knight ...... E 7 to C 6†.
   Black king ...... B 8 to B 7.
4. White pawn ...... A 5 to A 6†.
   Black king ...... B 7 to C 6*.
5. White pawn ...... B 4 to B 5†.
           Check-mate.

No. 43.

1. White castle from D 7 to D 8*†.
   Black king ...... B 8 to A 7.
2. White queen ...... E 7 to C 5†.
   Black pawn ...... B 7 to B 6.
3. White queen ...... C 5 to B 6*†.
   Black king ...... A 7 to B 6*.
4. White bishop ...... A 3 to C 5†.
   Black king ...... B 6 to B 7.
5. White knight ...... B 3 to A 5†.
           Check-mate.

No 44.

1. White castle from F 1 to F 8†.
   Black knight ...... D 6 to C 8.
2. White queen ...... G 2 to B 7*†.
   Black king ...... B 8 to B 7*.
3. White pawn ...... A 5 to A 6†.
   Black king ...... B 7 to B 8.
4. White knight ...... B 4 to C 6†.
   Black king ...... B 8 to A 8.
5. White castle ...... F 8 to C 8*†.
   Check-mate.

No. 45.

1. White castle from B 5 to B 8†.
   Black king ...... H 8 to H 7.
2. White castle ...... F 7 to G 7*†.
   Black king ...... H 7 to G 7*.
3. White queen ..... B 4 to G 4†.
   Black king ...... G 7 to F 7.
4. White queen ...... G 4 to G 8†.
   Black king ...... F 7 to E 7.
5. White queen .... G 8 to E 8†.
   Check-mate.

Variation.

1. White castle from B 5 to B 8†.
   Black castle ...... D 6 to D 8.
2. White queen .... B 4 to F 8†.
   Black castle ...... D 8 to F 8*.
3. White castle ...... F 7 to F 8*†.
   Black king ...... H 8 to H 7.
4. White castle ...... F 8 to H 8†.
   Check-mate.

No. 46.

1. White castle   from   H 6 to H 8 †.
   Black king   ..... G 8 to H 8 *.
2. White queen   ....   E 3 to H 6 †.
   Black castle   ...... E 7 to H 7.
3. White castle   ...... F 1 to F 8 *†.
   Black bishop   ...   C 5 to F 8 *.
4. White queen   ....   H 6 to F 8 *†.
   Black queen   ...... D 5 to G 8.
5. White knight   ...... H 4 to G 6 †.
                                Check-mate.

No. 47.

1. White castle   from   G 7 to B 7 †.
   Black king   ...... B 8 to A 8.
2. White castle   ...... B 7 to B 8 †.
   Black king   ...... A 8 to B 8 *.
3. White knight   ...... B 4 to A 6 †.
   Black king   ...... B 8 to A 8.
4. White knight   ...... A 6 to C 7 †.
   Black king   ...... A 8 to B 8.
5. White knight   ...... C 5 to A 6 †.
                                Check-mate.

Variation.

1. White castle   from   G 7 to B 7 †.
   Black knight   ...... D 6 to B 7 *.
2. White knight   ...... B 4 to A 6 †.
   Black king   ...... B 8 to A 8.
3. White pawn   ...... C 6 to B 7 †
                                Check-mate.

No. 48.

1. White queen from H 5 to F 7*†.
   Black king ...... G 8 to H 8.
2. White knight ...... D 5 to F 6.
   Black pawn ...... A 3 to A 2.
3. White queen .... F 7 to G 6.
   Black bishop ...... B 3 to G 8.
4. White queen .... G 6 to H 7†.
   Black bishop ...... G 8 to H 7*.
5. White knight ...... G 5 to F 7†.
                                 Check-mate.

No. 49.

1. White queen from E 5 to H 8†.
   Black castle ...... F 8 to H 8*.
2. White knight ...... G 4 to F 6†.
   Black king ...... H 7 to G 7.
3. White knight ...... F 6 to D 7*†.
   Black king ...... G 7 to G 8.
4. White castle ...... F 1 to F 8†.
   Black king ...... G 8 to H 7.
5. White castle ...... F 8 to H 8*†.
                                 Check-mate.

Variation, beginning at the 3d Move.

3. White knight from F 6 to D 7*†.
   Black king ...... G 7 to H 7.
4. White castle .... F 1 to F 7†.
   Black king ..... H 7 to G 8.
5. White castle ...... F 7 to G 7†.
                                 Check-mate.

No. 50.

1. White knight from B 4 to C 6†.
   Black king ...... B 8 to B 7.
2. White castle ...... E 7 to C 7*†.
   Black king ...... B 7 to C 7*.
3. White castle ...... D 1 to D 7†.
   Black king ..... C 7 to C 8.
4. White knight ...... C 6 to E 7†.
   Black king .... C 8 to B 8.
5. White knight .... E 5 to C 6†.
           Check-mate.

No. 51.

1. White castle from D 7 to D 8†.
   Black king .... B 8 to B 7.
2. White knight ...... B 5 to D 6†.
   Black king .... B 7 to A 6.
3. White queen ...... B 4 to A 4†.
   Black knight .... B 3 to A 5.
4. White queen ..... A 4 to B 5†.
   Black knight .... C 7 to B 5*.
5. White pawn .... C 4 to B 5*†.
           Check-mate.

No. 52.

1. White castle from D 6 to D 8†.
   Black castle ...... F 8 to D 8*.
2. White knight ...... B 5 to C 7†.
   Black king ..... A 8 to B 8.
3. White knight ...... C 7 to A 6†.
   Black king ..... B 8 to A 8.
4. White queen ...... F 4 to B 8†.
   Black castle .... D 8 to B 8*.
5. White knight ...... A 6 to C 7†.
           Check-mate.

No. 53.

1. White knight from D 5 to C 7†.
   Black king ...... A 8 to A 7.
2. White bishop .... A 5 to B 6†.
   Black king ...... A 7 to B 6*.
3. White pawn ...... C 4 to C 5†.
   Black king ...... B 6 to C 7*.
4. White knight ...... F 4 to E 6†.
   Black king ...... C 7 to C 8.
5. White castle ...... D 2 to D 8†.
                                                 Check-mate.

No. 54.

1. White pawn from G 7 to G 8 claims queen†
   Black king ...... F 7 to G 8*.
2. White king ...... G 5 to G 6.
   Black bishop ..... E 5 to D 6.
3. White castle ...... A 2 to A 8†.
   Black bishop ...... D 6 to F 8.
4. White pawn ..... F 6 to F 7†.
   Black king ...... G 8 to H 8.
5. White castle ..... A 8 to F 8*†.
                                                 Check-mate.

No. 55.

1. White queen from C 6 to E 8†.
   Black king ...... G 8 to G 7.
2. White bishop ...... C 1 to H 6†.
   Black king ...... G 7 to H 6*.
3. White queen ...... E 8 to F 8†.
   Black king ...... H 6 to G 5.
4. White castle ...... F 3 to F 5†.
   Black pawn ...... G 6 to F 5*.
5. White queen ..... F 8 to G 7†.
                                                 Check-mate.

No. 56.

1. White castle   from   F 1 to F 8 †.
   Black king   .. ... H 8 to G 7.
2. White bishop   ...... C 1 to H 6 †.
   Black king   ...... G 7 to H 6 *.
3. White castle   ...... F 8 to G 8.
   Black bishop   .. ... G 6 to F 7.
4. White castle   ...... E 5 to H 5 †.
   Black bishop   .. ... F 7 to H 5 *.
5. White pawn   ...... G 4 to G 5 †.
                                    Check-mate.

No. 57.

1. White queen   from   C 7 to D 8 †.
   Black bishop   ...... C 4 to G 8.
2. White knight ...... F 3 to G 5.
   Black pawn   ....   H 6 to G 5 *.
3. White queen   ...... D 8 to G 5 *.
   Black bishop   ...... G 8 to H 7.
4. White queen   ...... G 5 to D 8 †.
   Black bishop   ....   H 7 to G 8.
5. White queen   ...... D 8 to H 4 †.
   Black bishop   ....   G 8 to H 7.
6. White queen   ...... H 4 to H 7 * †.
                                    Check-mate.

Variation from the 2d Move.

2. White knight from   F 3 to G 5.
   Black castle   ...... B 5 to B 7.
3. White knight .. ... G 5 to F 7 †.
   Black castle   ...... B 7 to F 7 *.
4. White pawn   ...... G 6 to F 7.
   Black king   ...... H 8 to H 7.
5. White queen   ...... D 8 to G 8 * †.
                                    Check-mate.

No. 58.

1. White queen from E 6 to D 5 *†.
   Black king ...... C 6 to D 5 *.
2. White bishop ...... E 2 to C 4 *†.
   Black king ...... D 5 to C 6.
3. White bishop ...... C 4 to B 5 †.
   Black king ...... C 6 to C 5.
4. White pawn ...... B 2 to B 4 †.
   Black king ...... C 5 to D 5.
5. White pawn ...... E 3 to E 4.
   Black king ...... D 5 to E 6.
6. White bishop ...... B 5 to C 4 †.
                                     Check-mate.

Variation.

1. White queen from E 6 to D 5 *†.
   Black bishop .... C 4 to D 5 *.
2. White bishop ...... E 2 to B 5.
   Black king ...... C 6 to C 5.
3. White pawn ...... B 2 to B 4 †.
                                     Check-mate.

No. 59.

1. White queen from D 4 to D 8 *†.
   Black castle ...... C 8 to D 8 *.
2. White bishop ...... D 3 to C 4 †.
   Black king ...... G 8 to H 8.
3. White knight ...... F 4 to G 6 †.
   Black pawn ...... H 7 to G 6.
4. White pawn ...... H 5 to G 6 *†.
   Black knight .... G 4 to H 6.
5. White castle ...... H 3 to H 6 *†.
   Black pawn ..... G 7 to H 6 *.
6. White bishop ...... E 7 to F 6 †.
                                     Check-mate.

Variation.

1. White queen from D 4 to D 8 *†.
   Black king ...... G 8 to F 7.
2. White bishop ..... D 3 to C 4 †.
   Black castle ...... C 8 to C 4 *.
3. White queen .... D 8 to F 8 †.
           Check-mate.

No. 60.

1. White queen from E 1 to E 5 †.
   Black pawn ..... F 7 to F 6.
2. White queen .... E 5 to E 8 †.
   Black king ...... H 8 to G 7.
3. White queen .... E 8 to E 7 †.
   Black king ..... G 7 to H 6.
4. White castle ...... B 5 to H 5 *†.
   Black pawn ...... G 6 to H 5 *.
5. White queen ...... E 7 to F 6 *†.
   Black queen .... D 3 to G 6.
6. White pawn ...... G 4 to G 5 †.
           Check-mate.

No. 61.

1. White castle from H 8 to E 8 †
   *Black knight ... .. D 8 to E 6.
2. White knight ...... E 3 to G 4 †.
   Black king ...... E 5 to F 5.
3. White castle ..... D 1 to D 5 *†.
   Black castle .... A 5 to D 5 *.
4. White pawn ...... E 2 to E 4 †.
   Black king ...... F 5 to G 5.
5. White pawn ...... H 2 to H 4 †.
   Black king ... .. G 5 to H 5.
6. White castle .... E 8 to H 8 †.
           Check-mate.

* If he covered the check given by the castle with his bishop, he would be check-mated one move sooner.

No. 62.

1. White castle from E 1 to E 8†.
   Black bishop ..... F 6 to D 8.
2. White castle ...... E 8 to D 8 *†.
   Black castle ...... D 7 to D 8 *.
3. White knight ...... B 5 to C 7†.
   Black king ...... A 8 to B 8.
4. White knight ...... C 7 to A 6†.
   Black king ...... B 8 to A 8.
5. White queen .... F 4 to B 8†.
   Black castle ...... D 8 to B 8 *.
6. White knight ...... A 6 to C 7†.
   Check-mate.

No. 63.

1. White queen from F 7 to G 8†.
   Black king .... H 8 to G 8 *.
2. White pawn .... F 6 to F 7†.
   Black king ...... G 8 to F 8.
3. White bishop .... C 1 to A 3†.
   Black castle ...... A 8 to A 3 *.
4. White knight ...... G 5 to H 7 *†.
   Black king ...... F 8 to E 7.
5. White pawn ...... F 7 to F 8 claims queen†
   Black king ...... E 7 to D 7.
6. White castle ...... F 1 to F 7†.
   Check-mate.

No. 64.

1. White queen from A 5 to A 6 *†.
   Black king .... A 8 to B 8.
2. White knight ...... B 5 to A 7†.
   Black queen .... G 2 to B 7.
3. White castle .... B 1 to B 7 *†.
   Black castle ...... D 7 to B 7 *.
4. White pawn ...... D 6 to D 7†.
   Black king ...... B 8 to A 8.
5. White knight ...... A 7 to C 8 *†.
   Black castle .... B 7 to A 7.
6. White knight ...... C 8 to B 6†.
   Check-mate.

d

Variation from the 2d Move.

2. White knight from B 5 to A 7 †.
   Black castle ...... D 7 to B 7.
3. White knight ...... A 7 to C 6 †.
   Black queen ...... G 2 to C 6 *.
4. White pawn ...... D 6 to D 7 †.
   Black queen ...... C 6 to C 7.
5. White queen .... A 6 to B 7 * †.
                           Check-mate.

Another variation, commencing from the 4th Move.

4. White pawn from D 6 to D 7 †.
   Black castle ...... C 8 to C 7.
5. White pawn ..... D 7 to D 8 claims castle and gives check-mate.

No. 65.

1. White bishop from F 4 to C 7 * †.
   Black castle ...... C 8 to C 7 *.
2. White queen ...... A 4 to A 7 * †.
   Black king ...... B 8 to A 7 *.
3. White castle ...... E 1 to A 1 †.
   Black king ...... A 7 to B 8.
4. White castle ...... A 1 to A 8 †.
   Black king ...... B 8 to A 8 *.
5. White knight ...... D 5 to B 6 †.
   Black king ...... A 8 to B 8.
6. White castle ...... D 2 to D 8 †.
   Black king ...... B 8 to A 7.
7. White castle ...... D 8 to A 8 †.
                           Check-mate.

Variation.

1. White bishop from F 4 to C 7 * †.
   Black king ..... B 8 to A 8.
2. White queen .... A 4 to A 7 * †.
   Black king ...... A 8 to A 7 *.
3. White castle ...... E 1 to A 1 †.
                           Check-mate.

No. 66.

1. White queen from D 4 to A 4†.
   Black king ...... A 7 to B 8*.
2. White knight ...... D 8 to C 6†.
   Black king ...... B 8 to B 7.
3. White queen .... A 4 to A 8*†.
   Black king ...... B 7 to A 8*.
4. White castle ...... G 4 to A 4†.
   Black king ...... A 8 to B 7.
5. White castle ...... A 4 to A 7†.
   Black king ...... B 7 to C 8.
6. White castle ...... A 7 to A 8†:
   Black king ..... C 8 to B 7.
7. White castle ...... A 8 to B 8†.
   Check-mate.

Variation.

6. White castle from A 7 to A 8†.
   Black king ...... C 8 to D 7.
7. White castle ...... A 8 to D 8†.
   Check-mate.

No. 67.

1. White queen from E 3 to A 7*†.
   Black king ...... B 8 to A 7*.
2. White castle ...... E 1 to A 1†.
   Black king ...... A 7 to B 8.
3. White castle ...... A 1 to A 8†.
   Black king ...... B 8 to A 8*.
4. White castle ...... C 3 to C 8*†.
   Black king ...... A 8 to A 7.
5. White pawn ...... B 5 to B 6†.
   Black king ...... A 7 to A 6.
6. White bishop ...... C 2 to D 3†.
   Black king ...... A 6 to A 5.
7. White castle ...... E 8 to A 8†.
   Check-mate.

No. 68.

1. White queen from C 7 to B 8 †.
   Black king ...... A 8 to B 8 *.
2. White bishop ...... C 5 to D 6 †.
   Black king ...... B 8 to C 8.
3. White castle ...... D 7 to C 7 †.
   Black king ...... C 8 to B 8.
4. White castle ...... C 7 to C 6 * †.
   Black king ...... B 8 to A 8.
5. White knight ...... E 6 to C 7 †.
   Black king ...... A 8 to B 8.
6. White knight ...... C 7 to D 5 †.
   Black king ...... B 8 to A 8.
7. White knight ...... D 5 to B 6 †.

Check-mate.

Variation.

2. White bishop from C 5 to D 6 †.
   Black king ...... B 8 to A 8.
3. White knight ...... E 6 to C 7 †.
   Black king ...... A 8 to B 8.
4. White knight ...... C 7 to D 5 †.
   Black king ...... B 8 to C 8.
5. White castle ...... D 7 to C 7 †.
   Black king ...... C 8 to B 8.
6. White castle ...... C 7 to C 6 * †.
   Black king ...... B 8 to A 8.
7. White knight ...... D 5 to B 6 †.

Check-mate.

No. 69.

1. White queen from G 5 to F 6†.
   Black king ...... G 7 to H 6.
2. White queen ...... F 6 to H 4†.
   Black king ...... H 6 to G 7.
3. White queen ...... H 4 to D 4†.
   Black king ...... G 7 to H 6.
4. White queen .... D 4 to F 4†.
   Black king ...... H 6 to G 7.
5. White queen .... F 4 to E 5†.
   Black king ...... G 7 to H 6.
6. White castle ..... F 5 to H 5†.
   Black pawn ...... G 6 to H 5*.
7. White queen ..... E 5 to F 6†.
   Check-mate.

Variation.

1. White queen from G 5 to F 6†.
   Black king .... G 7 to G 8.
2. White queen ...... F 6 to E 6†.
   Black king ..... G 8 to G 7.
3. White queen ...... E 6 to E 5†.
   * Black king ...... G 7 to G 8.
4. White queen ...... E 5 to B 8*†.
   Black king ...... G 8 to G 7.
5. White queen ...... B 8 to F 8†.
   Check-mate.

* If he moves on square H 6 he would be check-mated in two moves as above.

No. 70.

1. White queen from E 2 to E 5†.
   Black king .... B 8 to A 8.
2. White knight ...... E 6 to C 7†.
   Black king ...... A 8 to B 8.
3. White knight ...... C 7 to E 8*†.
   Black king ...... B 8 to A 8.
4. White knight ...... E 8 to C 7†.
   Black king ...... A 8 to B 8.
5. White knight ...... C 7 to A 6†.
   Black king ...... B 8 to A 8.
6. White queen ...... E 5 to B 8†.
   Black castle .... G 8 to B 8*.
7. White knight ...... A 6 to C 7†.
   Check-mate.

No. 71.

1. White queen from E 4 to E 8†.
   Black bishop ...... B 7 to C 8.
2. White knight ...... F 8 to D 7†.
   Black king ...... B 8 to B 7.
3. White pawn ...... A 5 to A 6†.
   Black king ...... B 7 to A 6*.
4. White knight ...... D 7 to C 5†.
   Black pawn ..... B 6 to C 5*.
5. White queen ...... E 8 to C 6*†.
   Black castle ...... H 6 to C 6*.
6. White castle ...... E 1 to A 1†.
   Black king ...... A 6 to B 7.
7. White castle ...... F 1 to B 1†.
   Check-mate.

Variation.

4. White knight from D 7 to C 5†.
   Black king ...... A 6 to B 5.
5. White bishop ...... G 2 to C 6*†.
   Black king ...... B 5 to C 5*.
6. White castle ...... E 1 to E 5†.
   Black king ...... C 5 to D 6.
7. White castle ...... E 5 to D 5†.
   Check-mate.

Another variation.

1. White queen from E 4 to E 8†.
   Black knight .... C 6 to D 8.
2. White queen .... E 8 to D 8*†.
   Black bishop ...... B 7 to C 8.
3. White knight .... F 8 to D 7†.
   Check-mate.

No. 72.

1. White queen from G 4 to E 6†.
   Black castle ...... F 8 to F 7.
2. White queen .... E 6 to C 8†.
   Black castle ...... F 7 to F 8.
3. White queen .... C 8 to C 7.
   Black castle ...... F 8 to F 7.
4. White queen .... C 7 to B 8†
   Black castle ...... F 7 to F 8.
5. White queen .... B 8 to E 5.
   Black queen ...... B 5 to D 7.
6. White queen ...... E 5 to H 8†.
   Black king .... G 8 to F 7.
7. White queen ..... H 8 to G 7†.
   Check-mate.

No. 73.

1. White bishop from F 4 to C 7*†.
   Black castle .... C 8 to C 7*.
2. White queen ...... A 4 to A 7*†.
   Black king .... B 8 to A 7*.
3. White castle .... E 1 to A 1†.
   Black king ...... A 7 to B 8.
4. White castle .... A 1 to A 8†.
   Black king .... B 8 to A 8†.
5. White knight ...... D 5 to B 6†.
   Black king ...... A 8 to B 8.
6. White castle .... D 2 to D 8†.
   Black castle .... C 7 to C 8.
7. White castle .... D 8 to C 8*†.
   Black king ...... B 8 to A 7.
8. White castle ...... C 8 to A 8†.
                            Check-mate.

No. 74.

1. White knight from C 7 to B 5*†.
   Black knight ...... F 5 to E 7*.
2. White castle ...... A 1 to A 7†.
   Black king .... B 7 to B 8.
3. White bishop ..... C 3 to E 5†.
   Black castle ...... C 8 to C 7.
4. White bishop ...... E 5 to C 7*†.
   Black king .... B 8 to C 8.
5. White castle ...... A 7 to A 8†.
   Black king ...... C 8 to D 7.
6. White castle .... A 8 to D 8†.
   Black king ...... D 7 to E 6.
7. White castle ..... D 8 to D 6†.
   Black king ...... E 6 to F 5.
8. White knight .... B 5 to D 4†.
                            Check-mate.

Variation.

1. White knight from C 7 to B 5 * †.
   Black king ...... B 7 to B 8.
2. White bishop ...... C 3 to E 5 †.
   Black castle ..... C 8 to C 7.
3. White castle ...... E 7 to E 8 †.
   Black king ...... B 8 to B 7.
4. White castle ..... A 1 to A 7 †.
         Check-mate.

No. 75.

1. White queen from D 7 to D 8 †.
   Black king ...... B 8 to A 7.
2. White knight ..... C 3 to B 5 †.
   Black king ...... A 7 to A 6.
3. White knight ...... B 5 to C 7 * †.
   Black king ...... A 6 to A 7.
4. White knight ...... E 7 to C 8 †.
   Black bishop ...... B 7 to C 8 *.
5. White knight ...... C 7 to B 5 †.
   Black king .... A 7 to B 7.
6. White queen ...... D 8 to C 7 †.
   Black king .... B 7 to A 6.
7. White queen .... C 7 to C 8 * †.
   Black king .... A 6 to B 5.
8. White queen .... C 8 to C 4 †.
         Check-mate.

Variation.

4. White knight from E 7 to C 8 †.
   Black king ...... A 7 to B 8.
5. White knight ...... C 8 to D 6 †.
   Black king ...... B 8 to A 7.
6. White knight ...... D 6 to B 5 †.
         Check-mate.

No. 76.

1. White pawn from C 7 to C 8 † claims a knight and gives check-mate.
   Black king ...... A 7 to A 6.
2. White bishop ..... B 3 to C 4 †.
   Black king ...... A 6 to B 7.
3. White bishop .... C 4 to D 5 †.
   Black king ..... B 7 to A 6.
4. White castle .... C 3 to C 6 †.
   Black king ..... A 6 to A 5.
5. White bishop ...... F 4 to C 7 †.
   Black king .... A 5 to B 5.
6. White knight ...... C 8 to A 7 †.
   Black king ...... B 5 to B 4.
7. White pawn ...... A 2 to A 3 †.
   Black king .... B 4 to A 4.
8. White castle .... C 6 to A 6 †.
   Check-mate.

Back Game on the 6th Move.

6. White knight from C 8 to A 7 †.
   Black king ...... B 5 to A 4.
7. White bishop ...... D 5 to B 3 †.
   Black king .... A 4 to B 4.
8. White castle ...... C 6 to C 4 †.
   Check-mate.

Variation.

2. White bishop from B 3 to C 4 †.
   Black king .... A 6 to A 5.
3. White bishop ...... F 4 to C 7 †.
   Black king ...... A 5 to A 4.
4. White bishop ...... C 4 to B 3 †.
   Black king ...... A 4 to B 5.
5. White knight ...... C 8 to D 6 †.
   Black king ...... B 5 to A 6.
6. White bishop ..... B 3 to C 4 †.
   Black king ...... A 6 to A 7.
7. White castle ...... C 3 to A 3 †.
   Check-mate.

Back Game on the 3d Move.

3. White bishop from F 4 to C 7 †.
   Black king ...... A 5 to B 4.
4. White bishop ...... C 7 to D 6 †.
   Black king ...... B 4 to A 4.
5. White castle ...... C 3 to A 3 †.
   Check-mate.

No. 77.

1. White knight from E 5 to D 7 †.
   Black king ...... B 8 to A 7.
2. White queen .... C 6 to B 7 * †.
   Black king ...... A 7 to B 7 *.
3. White bishop .... D 1 to F 3 †.
   Black king .... B 7 to A 6.
4. White pawn ...... B 4 to B 5 †.
   Black king ...... A 6 to B 5 *.
5. White bishop ...... F 3 to E 2 †.
   Black king ...... B 5 to B 4.
6. White castle ...... C 3 to C 4 †.
   Black king .... B 4 to B 5.
7. White pawn ...... A 2 to A 4 †.
   Black king ...... B 5 to A 6.
8. White castle ...... C 4 to C 7 †.
   Black pawn ...... B 6 to B 5.
9. White bishop ...... E 2 to B 5 * †.
   Check-mate.

Variation.

3. White bishop from D 1 to F 3 †.
   Black king .... B 7 to A 7.
4. White castle ...... C 3 to C 7 †.
   Black king ...... A 7 to A 6.
5. White bishop ...... F 3 to E 2 †.
   Black pawn ...... B 6 to B 5.
6. White knight ...... D 7 to C 5 †.
   Black king ...... A 6 to B 6.
7. White castle ...... C 7 to B 7 †.
   Check-mate.

No. 78.

1. White castle from H 3 to H 7 *†.
   Black king ..... B 7 to A 6.
2. White queen ...... F 5 to C 8 †.
   Black knight ..... A 5 to B 7.
3. White queen .... C 8 to B 7 *†.
   Black king .... A 6 to A 5.
4. White queen .... B 7 to A 7 *†.
   Black castle ...... A 8 to A 7 *.
5. White castle ...... H 7 to A 7 *†.
   Black king ...... A 5 to B 4.
6. White pawn ...... A 2 to A 3 †.
   Black king ...... B 4 to C 5.
7. White pawn ...... D 3 to D 4 †.
   Black king ...... C 5 to C 6.
8. White pawn .... D 4 to D 5 †.
   Black king .... C 6 to C 5.
9. White pawn ...... B 3 to B 4 †.

   Check-mate.

No. 79.

1. White queen from A 4 to A 7 *†.
   Black king ...... B 8 to A 7 *.
2. White castle ...... C 1 to A 1 †.
   Black king ...... A 7 to B 8.
3. White castle ...... A 1 to A 8 †.
   Black king ...... B 8 to C 7.
4. White knight ...... C 3 to B 5 †.
   Black king ...... C 7 to D 7.
5. White castle ...... A 8 to A 7 †.
   Black king ...... D 7 to E 8.
6. White bishop ...... E 4 to G 6 *†.
   Black king ...... E 8 to F 8.
7. White castle ...... H 7 to H 8 †.
   Black bishop ...... G 7 to H 8 *.
8. White knight .... F 4 to E 6 *†.
   Black king ...... F 8 to G 8.
9. White bishop ...... G 6 to H 7 †.

   Check-mate.

No. 80.

1. White castle   from B 1 to B 7 *†.
   Black king   ...... C 7 to B 7 *.
2. White bishop ...... A 4 to C 6 †.
   Black king   ...... B 7 to C 7.
3. White castle ...... A 8 to A 7 †.
   Black king   ...... C 7 to B 8.
4. White castle ...... A 7 to B 7 †.
   Black king   ...... B 8 to A 8.
5. White castle ...... B 7 to D 7 †.
   Black king   ...... A 8 to B 8.
6. White castle ...... D 7 to D 8 *†.
   Black king   ...... B 8 to C 7.
7. White castle ...... D 8 to D 7 †.
   Black king   ...... C 7 to B 8.
8. White castle ...... D 7 to B 7 †.
   Black king   ...... B 8 to C 8.
9. White knight ...... C 4 to D 6 *†.
   Black king   ...... C 8 to D 8.
10. White castle ...... B 7 to D 7 †.
                         Check-mate.

Variation.

3. White castle   from A 8 to A 7 †.
   Black king   ...... B 7 to C 8.
4. White knight ...... C 4 to D 6 *†.
   Black king   ...... C 8 to B 8.
5. White castle ...... A 7 to B 7 †.
   Black king   ...... B 8 to A 8.
6. White castle ...... B 7 to B 6 †.
   Black king   ...... A 8 to A 7.
7. White knight ...... D 6 to C 8 †.
                         Check-mate.

CHAPTER II.

Singular Check-mates.

Under this title are comprised certain dexterous moves by which a superior player who has usually the advantage over his adversary, not only in regard to situation, but in the mode of playing, proposes to win the game (as not to give check-mate with such a piece, nor to play such another, &c.), and in default of fulfilling his engagements, he himself consents to lose the game.

No. 81.

1. White castle from F 5 to F 4.
   Black king ..... E 7 to E 8.
2. White king ...... E 5 to F 6.
   Black king ..... E 8 to F 8.
3. White castle ...... D 5 to D 8†.

        Check-mate.

Another way.

1. White castle   from   D 5 to D 1.
   Black king   ......   E 7 to E 8.
2. White king   ......   E 5 to D 6.
   Black king   ......   E 8 to D 8.
3. White castle ......   F 5 to F 8 †.
          Check-mate.

No. 82.

1. White castle   from   H 1 to H 6.
   Black king   ......   E 5 to F 5.
2. White castle ......   A 1 to G 1.
   Black king   ......   F 5 to E 5.
   White castle ......   G 1 to G 5 †.
          Check-mate.

Variation.

1. White castle   from   H 1 to H 6.
   Black king   ......   E 5 to D 5.
2. White castle ......   A 1 to C 1.
   Black king   ......   D 5 to E 5.
3. White castle ......   C 1 to C 5 †.
          Check-mate.

The check-mate might be equally effected by playing the first move from A 1 to A 6.

No. 83.

1. White castle   from   E 5 to E 1.
   Black king   ......   E 8 to F 8.
2. White castle ......   E 1 to G 1.
   Black king   ......   F 8 to E 8.
3. White castle ......   G 1 to G 8 †.
          Check-mate.

Variation.

1. White castle from E 5 to E 1.
   Black king ...... E 8 to D 8.
2. White knight ...... E 1 to C 1.
   Black king ...... D 8 to E 8.
3. White castle .... C 1 to C 8†.
   Check-mate.

This move is extremely simple, and frequently occurs: it should be well recollected in order to give check-mate with your castle in the least number of moves.

No. 84.

1. White castle from D 3 to B 3.
   Black king ...... E 4 to D 4.
2. White knight ...... E 5 to G 6.
   Black king ...... D 4 to E 4.
3. White castle ...... F 5 to F 4†.
   Check-mate.

Another mode.

1. White castle from F 5 to H 5.
   Black king ..... E 4 to F 4.
2. White knight ...... E 3 to C 2.
   Black king ...... F 4 to E 4.
3. White castle .... D 3 to D 4†.
   Check-mate.

No. 85.

1. White knight from F 6 to D 7†.
   Black king ...... E 5 to E 6.
2. White knight .... D 6 to B 7.
   Black king .... E 6 to E 7.
3. White knight .... D 7 to B 6.
   Black king ...... E 7 to E 6.
4. White castle .... D 4 to E 4†.
   Check-mate.

Another Way.

1. White knight from F 6 to D 7 †.
   Black king ...... E 5 to E 6.
2. White knight ...... D 7 to C 5 †.
   Black king ...... E 6 to E 7.
3. White castle ...... F 4 to F 7 †.
   Black king .... E 7 to D 8.
4. White castle ...... F 7 to D 7 †.
           Check-mate.

Back Game on the 2d Move.

2. White knight from D 7 to F 8 †.
   Black king ...... E 6 to E 7.
3. White castle .... F 4 to F 7 †
   Black king ...... E 7 to D 8.
4. White castle ...... F 7 to D 7.
     or
   White knight ...... F 8 to E 6 †.
           Check-mate.

No. 86.

1. White castle from C 7 to C 8 †.
   Black king .... A 8 to A 7.
2. White castle ...... B 6 to A 6 †.
   Black king .... A 7 to B 7.
3. White bishop ...... B 5 to C 6 †.
   Black king ...... B 7 to C 8 *.
4. White castle ...... A 6 to A 8 †.
           Check-mate.

Variation.

3. White bishop from B 5 to C 6 †.
   Black king ...... B 7 to A 6 *.
4. White castle ...... C 8 to A 8 †.
           Check-mate.

f

No. 87.

1. White knight from B 3 to C 5*†.
   Black king .... D 3 to C 4†.
2. White bishop .... D 1 to B 3†.
   Black castle ...... E 3 to B 3*†.
3. White pawn .... A 2 to B 3*†.
   Black queen ...... G 3 to B 3*†.
4. White queen .... B 6 to B 3*†.
                                         Check-mate.

No. 88.

1. White knight from D 4 to C 6.
   Black king ...... E 8 to F 8.
2. White knight ...... C 6 to E 7.
   Black king ...... F 8 to E 8.
3. White knight .... E 7 to G 6.
   Black king ...... E 8 to D 8.
4. White knight ...... G 6 to F 8.
   *Black king ...... D 8 to E 8.
5. White knight ...... F 8 to D 7.
   Black king .... E 8 to D 8.
6. White knight ...... D 7 to F 6.
   Black king ...... D 8 to C 8.
7. White knight ...... F 6 to E 8.
   Black king ...... C 8 to D 8.
8. White knight ...... E 8 to C 7.
   Black king ...... D 8 to C 8.
9. White knight ...... C 7 to E 6.
   Black king ...... C 8 to B 8.
10. White castle ..... H 7 to H 8†.
                                        Check-mate.

* If he were to go on square C 8, you ought to play from F 8 to E 6, and he would be check-mated two moves sooner.

CHAPTER III.

The Game of the Pion Coiffé, or privileged Pawn.

THIS is another sort of fanciful game, by which one player engages to give check-mate with a particular pawn designated at the commencement of the game, upon which a coif or distinguishing mark is put. It is usually the king's knight's pawn that is selected for the purpose, and this pawn is neither to take nor to be taken.

The games under this denomination are of two descriptions: the effect of one is to give check-mate with a pawn usually designated, and sometimes at the option of the adversary; and of the other, not only to give check-mate with a designated pawn, but also to lay yourself under other restrictions, such as not to take any of the adversary's pawns.

No. 89.

1. White castle from E 4 to A 4†.
   Black queen ...... D 5 to A 5.
2. White knight ...... B 7 to C 5†.
   Black castle ...... C 3 to F 3*.
3. White castle ...... C 7 to A 7†.
   Black queen ...... A 5 to A 7*.
4. White pawn ...... B 6 to B 7†.
                                      Check-mate.

No. 90.

1. White castle from D 5 to H 5†.
   Black king ...... H 8 to G 8.
2. White castle ...... E 3 to G 3†.
   Black queen ...... C 1 to G 5.
3. White queen ...... B 7 to G 7†.
   Black queen .... G 5 to G 7*.
4. White pawn ...... F 6 to F 7†.
   Black castle ...... F 2 to F 7*.
5. White pawn .... E 6 to F 7†.
                                        Check-mate.

No. 91.

1. White knight from A 6 to C 7†.
   Black castle ...... C 8 to C 7*.
2. White pawn ...... D 6 to D 7†.
   Black castle ...... C 7 to D 7*.
3. White knight ...... B 5 to D 6†.
   Black castle ...... D 7 to D 6*.
4. White pawn ...... E 5 to D 6*.
5. White pawn ...... D 6 to D 7†.
                                        Check-mate.

No. 92.

1. White queen from E 5 to E 7†.
   Black knight .. ... B 5 to C 7.
2. White castle ...... B 8 to A 8†.
   Black knight .... C 7 to A 8*.
3. White knight .... B 6 to D 7†.
   Black knight ...... A 8 to B 6.
4. White pawn ...... A 5 to B 6*†.
   Black king .... A 7 to A 8.
5. White pawn ...... B 6 to B 7†.
   Check-mate.

No. 93.

1. White knight from D 4 to B 3.
   Black king .... C 8 to B 8.
2. White castle ...... D 1 to D 8†.
   Black king ...... B 8 to A 7.
3. White knight ...... B 3 to A 5.
   Black pawn ..... B 6 to A 5*.
4. White pawn .... B 5 to B 6†.
   Black king ...... A 7 to A 6.
5. White pawn ... .. B 4 to B 5†.
   Check-mate.

No. 94.

1. White knight from B 5 to C 7†.
   Black king ...... E 8 to F 7.
2. White knight .. ... B 7 to D 8†.
   Black king ...... F 7 to G 7.
3. White knight . ... C 7 to E 8†.
   Black king ..... G 7 to H 6.
4. White knight ...... D 8 to F 7†.
   Black king .. ... H 6 to H 5.
5. White pawn ...... G 2 to G 4.
   Check-mate.

No. 95.

With the Castle's Pawn.

1. White castle	from	E 2 to E 8†.	
Black king	......	C 8 to B 7.	
2. White castle	......	E 8 to A 8.	
Black king	......	B 7 to B 6.	
3. White pawn	......	C 4 to C 5†.	
Black king	......	B 6 to B 7.	
4. White pawn	......	C 5 to C 6†.	
Black king	......	B 7 to B 6.	
5. White pawn	......	A 4 to A 5†.	

Check-mate.

With the Bishop's Pawn.

3. White pawn	from	A 4 to A 5†.	
Black king	......	B 6 to B 7.	
4. White pawn	......	A 5 to A 6†.	
Black king	......	B 7 to B 6.	
5. White pawn	......	C 4 to C 5†.	

Check-mate.

No. 96.

1. White knight	from	D 5 to C 7†.	
Black king	......	A 8 to B 8.	
2. White knight	......	B 5 to D 6.	
Black king	......	B 8 to A 7.	
3. White knight	......	D 6 to C 8†.	
Black king	......	A 7 to B 8.	
4. White king	......	C 6 to D 7.	
Black king	......	B 8 to B 7.	
5. White pawn	......	A 5 to A 6†.	
Black king	......	B 7 to B 8.	
6. White pawn	......	A 6 to A 7†.	
Black king	......	B 8 to B 7.	
7. White pawn	......	C 5 to C 6†.	

Check-mate.

No. 97.

1. White bishop from D 1 to F 3†.
   Black king ...... D 5 to E 6.
2. White queen .... D 3 to G 6†.
   Black king ...... E 6 to D 7.
3. White queen .... G 6 to F 5†.
   Black king ...... D 7 to E 8.
4. White pawn .... C 5 to C 6.
   Black king .... E 8 to D 8.
5. White pawn ...... D 4 to D 5.
   Black king ...... D 8 to E 8.
6. White bishop .... F 3 to E 4.
   Black king ...... E 8 to D 8.
7. White pawn ..... C 6 to C 7†.
   Black king ...... D 8 to E 8.
8. White pawn .... D 6 to D 7†.
   Black king ...... E 8 to E 7.
9. White pawn ...... D 5 to D 6†.

Check-mate.

Variation.

3. White queen from G 6 to F 5†.
   Black king ..... D 7 to D 8.
4. White pawn .... C 5 to C 6.
   Black king ..... D 8 to E 8.
5. White pawn ...... D 4 to D 5.
   Black king ...... E 8 to D 8.
6. White pawn ...... C 6 to C 7†.
   Black king ...... D 8 to E 8.
7. White pawn ..... D 6 to D 7†.
   Black king .... E 8 to E 7.
8. White pawn .... D 5 to D 6†.

The move by which check-mate, with one of the other pawns, at the option of the black, is obvious.

No. 98.

1. White castle	from	D 4 to H 4.
Black king	......	G 8 to H 8.
2. White castle	......	H 4 to H 5.
Black king	......	H 8 to G 8.
3. White queen	....	E 7 to F 7†.
Black king	....	G 8 to H 8.
4. White queen	....	F 7 to G 6.
Black pawn	......	H 7 to G 6*.
5. White pawn	......	H 6 to H 7.
Black pawn	......	G 6 to H 5*.
6. White king	......	F 6 to G 6.
Black pawn	......	H 5 to H 4.
7. White king	......	G 6 to H 6.
Black pawn	......	H 4 to H 3.
8. White pawn	......	G 5 to G 6.
Black pawn	......	H 3 to H 2.
9. White pawn	....	G 6 to G 7†.

Check-mate.

No. 99.

1. White queen	from	F 3 to F 8†.
Black king	......	H 8 to H 7.
2. White bishop	......	E 2 to D 3†.
Black pawn	......	G 7 to G 6.
3. White castle	......	A 5 to G 5.
Black pawn	....	H 6 to G 5*.
4. White pawn	......	H 5 to H 6.
Black pawn	......	G 5 to G 4.
5. White bishop	......	D 3 to E 4.
Black pawn	......	G 4 to G 3.
6. White bishop	.....	E 4 to G 2.
Black pawn	....	G 6 to G 5.
7. White queen	....	F 8 to F 6.
Black king	......	H 7 to G 8.
8. White bishop	......	G 2 to E 4.
Black pawn	......	G 3 to G 2.
9. White pawn	....	H 6 to H 7†.

Check-mate.

Variation.

7. White queen from F 8 to F 6.
   Black pawn ...... G 5 to G 4.
8. White bishop ...... G 2 to E 4†.
   Black king ...... H 7 to G 8.
9. White pawn ...... H 6 to H 7†.
   Check-mate.

No. 100.

1. White bishop from F 1 to H 3.
   Black king ...... A 8 to B 8.
2. White knight ...... B 1 to A 3.
   Black king ...... B 8 to A 8.
3. White knight ...... A 3 to C 4.
   Black king ...... A 8 to B 8.
4. White knight ...... C 4 to B 6.
   Black pawn ...... A 7 to B 6*.
5. White bishop .... C 1 to F 4†.
   *Black king ...... B 8 to A 7.
6. White bishop ...... H 3 to C 8.
   Black king ..... A 7 to A 8.
7. White bishop ...... C 8 to B 7†.
   Black king .... A 8 to A 7.
8. White bishop ...... F 4 to E 5.
   Black pawn ...... B 6 to B 5.
9. White bishop ...... E 5 to D 4†.
   Black king ...... A 7 to B 8.
10. White pawn ...... A 6 to A 7†.
    Check-mate.

* Were he to play on square A 8, he would be check-mated one move sooner.

No. 101.

In this singular situation, the white proposes to give check-mate in fourteen moves, with the pawn after it has passed in check of all those of his adversary (none of which are to be taken by him, nor is he to take any of them), leaving to the black but one mode of playing every move.

1. White knight from F 8 to D 7 †.
   Black king ...... G 8 to G 7.
2. White castle ..... A 8 to F 8.
   Black king ...... G 7 to G 6.
3. White knight...... C 7 to E 6.
   Black pawn ..... F 7 to E 6 *.
4. White queen ...... E 7 to F 7 †.
   Black king ...... G 6 to G 5.
5. White knight...... D 7 to E 5.
   Black pawn ...... F 6 to E 5 *.
6. White bishop...... F 3 to E 4.
   Black pawn .... F 5 to E 4 *.
7. White bishop...... C 1 to E 3.
   Black pawn ...... F 4 to E 3 *.
8. White queen ...... F 7 to E 7 †.
   Black king .... G 5 to G 6.
9. White king . ... H 3 to H 2.
   Black pawn ..... H 4 to H 3.
10. White pawn ...... G 2 to G 3.
    Black pawn ...... H 5 to H 4.
11. White pawn ...... G 3 to G 4.
    Black pawn ...... H 6 to H 5.
12. White pawn ..... G 4 to G 5.
    Black pawn ...... H 7 to H 6.
13. White queen...... E 7 to F 6 †.
    Black king ...... G 6 to H 7.
14. White pawn .... G 5 to G 6 †.

                                          Check-mate.

This stroke is attributed to the Marshal de Saxe.

No. 102.

1. White knight from D 4 to C 6.
   Black king ...... E 8 to F 8.
2. White knight...... C 6 to E 7.
   Black king ...... F 8 to E 8.
3. White knight.... E 7 to G 6.
   Black king ...... E 8 to D 8.
4. White knight...... G 6 to F 8.
   Black king ...... D 8 to E 8.
5. White knight...... F 8 to D 7.
   Black king .... E 8 to D 8.
6. White knight...... D 7 to F 6.
   Black king ...... D 8 to C 8.
7. White knight...... F 6 to E 8.
   Black king ...... C 8 to D 8.
8. White knight...... E 8 to C 7.
   Black king ...... D 8 to C 8.
9. White knight...... C 7 to E 6.
   Black king ...... C 8 to B 8.
10. White knight...... E 6 to D 8.
    Black king ...... B 8 to C 8.
11. White knight...... D 8 to B 7.
    Black king ...... C 8 to B 8.
12. White knight...... B 7 to D 6.
    Black king ...... B 8 to A 8.
13. White knight ..... D 6 to C 8.
    Black king ..... A 8 to B 8.
14. White knight...... C 8 to A 7.
    Black king ...... B 8 to A 8.
15. White pawn ...... B 2 to B 4.
    Black king ...... A 8 to B 8.
16. White pawn .... B 4 to B 5.
    Black king .... B 8 to A 8.
17. White pawn ..... B 5 to B 6.
    Black king ...... A 8 to B 8.
18. White knight...... A 7 to C 6†.
    Black king ...... B 8 to A 8.
19. White pawn .... B 6 to B 7†.
    Check-mate.

CHAPTER IV.

Of Stale-mates at the ordinary Game.

Sometimes in the course of a game, a player will happen to be so inferior to his adversary both in regard to the number of pieces and situation, that he has no hopes of winning, nor even of obtaining a draw by a successive exchange of pieces. In such a case it is that a good player endeavours to repair his errors by striving after a stale-mate. He then sacrifices his pieces and gives up his pawns, or advances them into situations where they can no longer move, so as to have nothing left to play but his king. Nevertheless he should generally preserve his queen or castle, both for the purpose of concealing, and for better effecting his project. And after placing his king in a situation of stale-mate, he is to pursue with his piece the adversary's king, and compel him to take, unless he choose to submit to a perpetual check; and thus is the daring enterprise frequently crowned with success.

No. 103.

In this situation the game will be unavoidably a drawn one, whoever has the move; for the white by keeping his castle on the knight's line will prevent the black king from passing, and if the black takes the bishop's pawn with his queen, the white castle will give perpetual check, and the black king cannot take the castle without giving stale-mate to the white.

No. 104.

1. White castle from G 7 to H 7†.
   Black king .... H 3 to G 3.
2. White castle ...... H 7 to E 7.
   Black king .... E 8 to E 7*.

   Stale-mate.

No. 105.

1. White bishop from A 5 to B 6.
   Black castle ...... A 3 to A 1.
2. White bishop ...... B 6 to G 1.
   Black castle ...... A 1 to B 1*.

   Stale-mate.

Back Game on the 2d Move.

2. White bishop from B 6 to G 1.
   Black castle ...... A 1 to A 2.
3. White bishop .... G 1 to D 4.
   Black castle ...... A 2 to A 1.
4. White castle .... B 1 to A 1*.
   Black pawn ..... B 2 to A 1*† claims queen and will win.
5. White bishop ...... D 4 to A 1*.

Variation.

1. White bishop from A 5 to B 6.
   Black king .... C 6 to B 6 *.
2. White castle ...... B 1 to B 2 * †.

                      A drawn game.

No. 106.

1. White king from C 2 to B 3.
   Black pawn ...... A 3 to A 2.
2. White king ...... B 3 to C 2.
   Black knight ...... E 6 to D 4 †.
3. * White king ...... C 2 to C 1.

                      A drawn game.

* In this situation the white king will constantly maintain himself on the first and second squares of his bishop, so that it will not be in the power of the black knight to dislodge him; but if the knight should happen to be upon a black square, he would arrive upon the square D 4 when the white king is upon C 1, and would consequently prevent the king from occupying the square C 2, which would give to the black the game.

No. 107.

1. White knight from G 6 to E 7.
* Black pawn ..... D 6 to D 5.
2. White knight ..... E 7 to C 6.
   Black pawn ...... D 5 to C 4*.
3. White king ...... C 2 to C 3.
   Black queen ...... C 7 to G 7†.
4. White king ...... C 3 to C 4*.
† Black queen ...... G 7 to G 5*.

* If he takes one of the two knights, you would give him check with your bishop, and afterwards double check with the other knight, who would gain the queen and the game.

† In this state the game is drawn, you will play your king around your knights, and the black king not being able to play, he will be compelled to give you perpetual check with his queen.

No. 108.

1. White castle from F 1 to F 8†.
   Black king ...... B 8 to A 7.
2. White castle ...... F 8 to A 8†.
   Black king ...... A 7 to A 8*.
3. White queen .... B 4 to F 8†.
   Black king ...... A 8 to A 7.
4. White queen .... F 8 to C 5.
‡ Black queen ...... G 5 to C 5*.

Stale-mate.

‡ If he does not take the queen, you will take his bishop's pawn, and give him perpetual check.

No. 109.

6.	White bishop	from	B 2 to F 6.
	Black king	.....	E 4 to D 3.
2.	White bishop	.....	F 6 to C 3.
	Black pawn	....	C 6 to C 5.
3.	White bishop	......	C 3 to B 2.
	Black pawn	.....	C 5 to C 4.
4.	White bishop	....	B 2 to E 5.
	Black pawn	.....	C 4 to C 3.
5.	White bishop	......	E 5 to C 3*.
	Black king	.....	D 3 to C 3*.

Stale-mate.

No. 110.

1.	White knight	from	E 3 to C 2†.
	Black king	......	B 4 to B 3.
2.	White knight	......	C 2 to A 1.
	Black king	....	B 3 to B 2.
3.	White king	....	E 1 to D 2.
	Black king	......	B 2 to A 1*.
4.	White king	......	D 2 to C 1.
	Black pawn	......	C 7 to C 6.
5.	White king	......	C 1 to C 2.
	Black pawn	......	C 6 to C 5.
6.	White king	......	C 2 to C 1.
	Black pawn	......	C 5 to C 4.
7.	White king	......	C 1 to C 2.
	Black pawn	....	C 4 to C 3.
8.	White king	....	C 2 to C 1.
	Black pawn	......	G 6 to G 5.
9.	White pawn	......	H 4 to G 5*.

Stale-mate.

CHAPTER V.

Of compelling a Player to give Stale-mate.

THIS is another of those fanciful agreements which players, in the progress of the game, sometimes enter into: namely, one player compels the other to give him stale-mate, or in default to lose the game.

To accomplish this kind of stale-mate, it is necessary to have one of your pawns upon one of the lines of the two castles, or else to detain one of your adversary's pawns upon the line of a castle or of a knight, and then place your men in a situation similar to those given in the following examples.

It happens sometimes that you may not have been able to preserve either of your castle's pawns, and that neither are there any of the adversary's situated upon the lines of the castles or knights; in which case it is necessary to endeavour to bring one into such a situation (in order not to lose the game), and this is the way to succeed: you are to stop the progress of the pawn, which you want to serve your purpose, and afterwards you force the pawn to take one of your pawns or pieces, and thereby bring him upon the line in order to compel your adversary to give you stale-mate.

It is to be observed that there are not more than three situations by which the present object can be obtained; and moreover, that it cannot be at all effected unless you have a queen.

No. 111.

1. White queen from B 8 to B 7†.
   Black king ...... A 6 to A 5.
2. White queen ...... B 7 to B 6†.
   Black king ...... A 5 to A 4.
3. White castle ...... B 3 to A 3†.
   Black king ...... A 4 to A 3*.
4. White queen ...... B 6 to B 3†.
   Black king ...... A 3 to B 3*.
   Stale-mate.

No. 112.

1. White bishop from D 8 to F 6.
   Black king ...... H 7 to H 6.
2. White queen .... G 4 to G 7†.
   Black king ...... H 6 to H 5.
3. White bishop ...... F 6 to H 4.
   Black king ...... H 5 to H 4*.
4. White queen ...... G 7 to G 6.
   Black king ...... H 4 to H 3.
5. White queen ...... G 6 to G 3†.
   Black king ...... H 3 to G 3*.
   Stale-mate.

No. 113.

1. White king from H 8 to G 7.
   Black king ...... C 8 to D 8.
2. White king ...... G 7 to G 8.
   Black king ...... D 8 to C 8.
3. White king ...... G 8 to H 8.
   Black king ...... C 8 to D 8.
4. White queen .... A 7 to B 7.
   Black king ...... D 8 to E 8.
5. White queen ...... B 7 to C 7.
   Black king ...... E 8 to F 8.
6. White queen ...... C 7 to F 7†.
   Black king ...... F 8 to F 7*.
   Stale-mate.

No. 114.

1. White queen from D 1 to A 4†.
   Black king ...... A 8 to B 8.
2. White queen ...... A 4 to A 6.
   Black pawn ...... C 7 to C 6.
3. White pawn ..... B 5 to B 6.
   Black pawn ...... C 6 to C 5.
4. White king ...... E 1 to D 2.
   Black pawn ...... C 5 to C 4.
5. White queen ...... A 6 to B 5.
   Black pawn ...... C 4 to C 3†.
6. White king ...... D 2 to C 2.
   Black king ..... B 8 to C 8.
7. White queen ...... B 5 to D 5.
   Black king ...... C 8 to B 8.
8. White queen ...... D 5 to D 8†.
   Black king ...... B 8 to B 7.
9. White queen ...... D 8 to C 7†.
   Black king ...... B 7 to A 8.
10. White pawn ...... B 6 to B 7†.
    Black king ...... A 8 to A 7.
11. White pawn ...... B 7 to B 8 claims queen†
    Black king ..... A 7 to A 6.
12. White queen ..... C 7 to B 7†.
    Black king ...... A 6 to A 5.
13. White queen ...... B 7 to B 1.
    Black king ...... A 5 to A 6.
14. White queen ..... B 8 to B 7†.
    Black king ...... A 6 to A 5.
15. White queen .... B 7 to B 6†.
    Black king ...... A 5 to A 4.
16. White queen ...... B 1 to B 2.
    Black pawn ...... C 3 to B 2*.
17. White king ...... C 2 to B 1.
    Black king ...... A 4 to A 3.
18. White queen ...... B 6 to B 3.
    Black king ...... A 3 to B 3†.
    Stale-mate.

CHAPTER VI.

Of the losing Game.

In this case two players agree that the game shall be deemed to be won by the player who may succeed in compelling the other to give check-mate, which is quite the contrary to the usual game.

This check-mate is for the most part effected by an adversary's pawn which should be conducted, and made to change his line, by the same kind of manœuvre as already adverted to in the preceding chapter.

When such pawn is arrived on the square next to that where he is to give check-mate, the adversary's king is to be placed in a situation of stale-mate, when a piece is to be given to the pawn, who being supported by his king, is compelled to give check-mate.

This kind of check-mate is rarely to be accomplished by a piece, of which, nevertheless, two instances are given; but these instances could not have been derived from actual occurrences at play.

No. 115.

1. White knight from   E 3 to G 4*†.
   Black bishop   ...... C 8 to G 4*.
2. White knight ...... G 5 to H 3*†.
   Black bishop   ...... G 4 to H 3*.
3. White queen   ...... E 4 to G 2†.
   Black bishop   ...... H 3 to G 2*†.
                             Check-mate.

No. 116.

1. White castle from   F 7 to F 8†.
   Black knight   ...... F 6 to G 8.
2. White king   ...... H 4 to H 5.
   Black pawn   ...... A 4 to A 3.
3. White pawn   ...... H 2 to H 4.
   Black pawn   ...... A 3 to A 2.
4. White castle ...... F 8 to A 8.
   Black pawn   ...... A 2 to A 1 claims queen
5. White castle ...... A 8 to A 1*.
   Black castle ...... G 8 to F 6†.
                             Check-mate.

No. 117.

1. White queen   from   F 3 to F 4.†
   Black king   ...... H 4 to H 3.
2. Black bishop ...... E 3 to G 1.
   Black pawn   ...... F 6 to F 5.
3. White queen   ...... F 4 to G 5.
   Black pawn   ...... F 5 to F 4.
4. White knight ...... G 7 to F 5.
   Black pawn   ...... F 4 to F 3.
5. White queen   ...... G 5 to G 2†.
   Black pawn   ...... F 3 to G 2*†.
                             Check-mate.

No. 118.

1. White queen from F 8 to D 6†.
   Black pawn ...... C 7 to D 6*.
2. White castle ...... A 4 to F 4.
   Black pawn ..... D 6 to D 5.
3. White knight ..... F 6 to E 4†.
   Black pawn ...... D 5 to E 4*.
4. White bishop ...... C 1 to E 3.
   Black pawn ..... E 4 to F 3*.
5. White knight ...... D 1 to F 2.
   Black pawn ..... F 3 to G 2*†.

   Check-mate.

No. 119.

1. White queen from C 3 to F 6.
   Black king ...... F 8 to G 8.
2. White king ...... H 3 to G 4.
   * Black king .... G 8 to F 8.
3. † White castle ..... E 1 to E 3.
   Black king ...... F 8 to G 8.
4. White castle ...... E 3 to E 8†.
   Black king ...... G 8 to H 7.
5. White queen ...... F 6 to E 7.
   Black king ...... H 7 to G 6.
6. White knight...... H 5 to F 4†.
   ‡ Black king ...... G 6 to G 7.
7. White king ...... G 4 to H 5.
   Black king ...... G 7 to H 7.
8. White pawn .... G 2 to G 4.
   Black king ...... H 7 to G 7.
9. White knight...... F 4 to D 5.
   Black king ...... G 7 to H 7.
10. White castle .... E 8 to D 8.
    Black king .... H 7 to G 7.
11. White queen ..... E 7 to F 6†.
    Black king .... G 7 to H 7.
12. White queen ...... F 6 to G 6†.
    Black pawn ...... F 7 to G 6*†.

    Check-mate.

* If he moves from G 8 to H 7, the following move will be the same.

† You move thus to gain time.

‡ If he played on the square H 7, he would be check-mated one move sooner.

No. 120.

1. White castle from E 1 to E 2.
   Black king ...... B 1 to A 2.
2. White queen ...... F 6 to F 7†.
   Black king ...... A 2 to B 1.
3. White castle .... C 8 to C 1†.
   Black king ...... B 1 to A 2.
4. White bishop...... B 2 to E 5†.
   Black king ...... A 2 to A 3.
5. White queen ...... F 7 to A 7†.
   Black king ...... A 3 to B 4.
6. White queen .... A 7 to D 4†.
   Black king ...... B 4 to A 5.
7. White queen ...... D 4 to B 2.
   Black king .... A 5 to A 6.
8. White bishop.... E 5 to F 4.
   Black king ...... A 6 to A 7.
9. White bishop...... F 4 to D 2.
   Black king ...... A 7 to A 8.
10. White castle ...... E 2 to E 1.
    Black king ...... A 8 to A 7.
11. White knight...... G 1 to E 2.
    Black king ...... A 7 to B 7.
12. White queen ...... B 2 to G 7†.
    Black king ...... B 7 to A 8.
13. White queen ...... G 7 to F 8†.
    Black king ...... A 8 to B 7.
14. White queen ...... F 8 to E 7†.
    Black king .... B 7 to A 8.
15. White queen ...... E 7 to D 8†.
    Black king ...... A 8 to B 7.
16. White castle .... C 1 to C 7†.
    Black king ...... B 7 to B 6.
17. White queen ..... D 8 to D 6†.
    Black king ...... B 6 to B 5.
18. White castle ...... C 7 to C 5†.
    Black king ...... B 5 to A 4.
19. White queen .... D 6 to C 6†.
    Black king ...... A 4 to A 3.
20. White castle ...... C 5 to A 5†
    Black king .... A 3 to B 2.
21. White queen ...... C 6 to C 2†.
    Black pawn ...... B 3 to C 2*†.
    Check-mate.

THE END.

CHESS.

A SELECTION

OF

FIFTY GAMES,

FROM THOSE PLAYED BY THE

Automaton Chess-Player,

DURING ITS EXHIBITION IN LONDON,

IN 1820.

Taken down, by permission of Mr. Maelzel, at the time they were played.

LONDON:

SOLD AT THE EXHIBITION ROOM, N.º 29, ST. JAMES'S STREET; AND BY A. MAXWELL, BELL YARD, LINCOLNS INN.

W. Pople, Printer, 67, Chancery Lane.

1820.

PREFACE.

THE present work may not prove unworthy public attention, as connected with so extraordinary a machine as the Automaton Chess-Player; and displaying specimens of skill in a Game universally esteemed the noblest and most scientific of amusements.

The Automaton itself is now so well known, that a description of it here is unnecessary; it will not, however, be improper, to say a word or two relative to the present selection.

Since the commencement of its exhibition in February last, the Automaton Chess-Player has played, (giving the Pawn and Move) nearly Three Hundred Games, of which it has lost about Six. This fact is decisive; and the reader will find in many of the following games, proofs of consummate skill.

The Automaton invariably giving the King's Bishop's Pawn and the Move, this selection forms a complete analysis of the Pawn and Move Game, a variation which has not hitherto been so fully treated on as the regular openings and gambits.

Without wishing to shock the admirers of Philidor, it may be asserted, that the Automaton Chess-Player has, in the course of its present exhibition, played Games which that great Master might have equalled, but could not have excelled.

W. H.

Abbreviations.

K.	King.
Q.	Queen.
R.	Rook.
B.	Bishop.
Kn.	Knight.
P.	Pawn.

N. B. The reader will not omit to take off the Automaton's King's Bishop's Pawn, previously to beginning a game.

GAME I.

Mr. C * * * * E.

Red.	Automaton.
1. K. P. 2.	K. P. 1.
2. Q. P. 2.	Q. B. P. 1
3. K. B. P. 2.	Q. P. 2.
4. K. P. 1.	Q. B. P. 1.
5. Q. B. P. 1.	Q. Kn. to her B. 3d.
6. K. B. to Q. Kn. 5th.	Q. to her Kn. 3d.
7. B. takes Kn., checking.	Q. Kn. P. takes B.
8. K. Kn. to B. 3d.	Q. B. to R. 3d.
9. K. to B. 2d.	Q. B. P. takes Q. P.
10. Kn. takes P.	Q. B. P. 1.
11. Kn. to K. B. 3d.	K. Kn. to R. 3d.
12. K. R. P. 1.	K. B. to K. 2d.
13. K. Kn. P. 2.	K. castles with his Rook.
14. Q. to her Kn. 3d.	Q. to her B. 3d.
15. K. to his Kn. 3d.	Q. R. to K.
16. Q. to her square.	Kn. to B. 2d.
17. K. R. P. 1.	K. B. to Q.
18. Q. to her B. 2d.	Q. B. to her Kn. 2d.
19. K. Kn. to its 5th.	B. takes Kn.
20. K. R. P. takes B.	K. Kn. P. 1.
21. Q. to K. R. 2d.	K. R. P. 1.

	Red.	*Automaton.*
22.	K. Kn. P. takes P.	K. to R. 2d.
23.	Q. to K. Kn. 2d.	Q. to her B. 2d.
24.	Q. to K. 2d.	Q. P. 1.
25.	R. to K. B.	Q. to her B. 3d.
26.	P. takes Q. P.	P. takes P.
27.	R. to K. B. 2d	Q. takes Q. B.
	Game lost.	

GAME II.

Mr. R * * * * N.

1.	K. P. 2.	K. P. 1.
2.	Q. P. 2.	Q. B. P. 1.
3.	Q. B. P. 2.	Q. P. 1.
4.	Q. Kn. to B. 3d.	K. Kn. P. 1.
5.	K. B. to Q. 3d.	K. B. to his Kn. 2d.
6.	Q. B. to K. 3d.	K. Kn. to K. 2d.
7.	Q. to her Kn. 3d.	Q. Kn. P. 1.
8.	K. Kn. to K. 2d.	Q. B. P. 1.
9.	Q. P. 1.	K. P. 1.
10.	K. castles with Q. R.	K. castles with his R.
11.	Q. R. to K. B.	Q. Kn. to Q. 2d.
12.	K. B. P. 2.	K. P. takes P.
13.	Q. B. takes P.	Q. Kn. to K. 4th.
14.	B. takes Q. Kn.	K. B. takes B.
15.	K. to Q. Kn.	Q. B. to Q. 2d.
16.	Q. to her square.	Q. R. P. 1.
17.	Q. R. takes R. checking.	Q. takes R

	Red.	*Automaton.*
18.	K. R. to K. B.	Q. to K. Kn. 2d.
19.	K. Kn. P. 1.	Q. R. to Q. Kn.
20.	K. to Q. B.	Q. Kn. P. 1.
21.	Q. to her 2d.	Kn. to Q. B.
22.	Q. to K. Kn. 5th.	Kn. to Q. Kn. 3d.
23.	Q. to her 2d.	Q. Kn. P. takes Q. B. P.
24.	K. B. to Q. B. 2d.	Q. R. P. 1.
25.	Q. R. P. 2.	Kn. to Q. R.
26.	R. to K. B. 2.	Kn. to Q. B. 2d.
27.	B. to Q.	Kn. to Q. R. 3d.
28.	K. Kn. to its square.	Kn. to Q. Kn. 5th.
29.	K. Kn. to his B. 3d.	Kn. to Q. 6th, checking.
30.	K. to Q. Kn.	R. takes Kn. P. checking.
31.	Q. takes R.	Kn. takes Q.
32.	R. takes Kn.	K. B. takes Q. Kn.
33.	R. checks at Q. Kn. 8th.	K. to his B. 2d.
34.	K. R. P. 2.	K. R. P. 1.
35.	K. Kn. P. 1.	K. B. to Q. Kn. 5th.
36.	K. Kn. P. 1.	K. R. P. 1.
37.	Kn. to its square.	Q. to her 5th.
38.	B. to Q. B. 2d.	Q. takes Kn. checking.
39.	K. to Q. Kn. 2d.	Q. checks at her 5th.
40.	K. to Q. Kn.	P. at K. B. 5th, 1.
41.	K. to Q. R. 2d.	P. at Q. B. 4th, 1.
42.	K. to Q. Kn.	Q. checks at K. Kn. 8th.
43.	K. to Q. R. 2d.	Q. to her B. 8th, and checkmates in two moves, at farthest.

GAME III.

Mr. B * * * n.

Red.	*Automaton.*
1. K. P. 2.	K. P. 1.
2. Q. P. 2.	Q. B. P. 1.
3. K. B. to Q. 3d.	K. Kn. P. 1.
4. K. B. P. 2.	Q. P. 2.
5. K. P. 1.	Q. B. P. 1.
6. Q. B. P. 1.	Q. Kn. to B. 3d.
7. K. Kn. to B. 3d.	Q. to her Kn. 3d.
8. Q. to her Kn. 3d.	Q. to B. 2d.
9. K. B. to Q. Kn. 5th.	Q. B. to Q. 2d.
10. K. B. takes Kn.	Q. Kn. P. takes B.
11. K. castles.	Q. B. P. takes P.
12. P. takes P.	Q. B. P. 1.
13. Q. B. to K. 3.	K. Kn. to R. 3d.
14. Q. to her B. 3d.	K. Kn. to its 5th.
15. Q. B. to K. B. 2d.	Q. B. to her Kn. 4th.
16. K. R. to K.	Kn. takes B.
17. K. takes Kn.	K. B. to K. 2d.
18. Q. Kn. P. 1.	Q. B. P. 1.
19. Q. R. P. 2.	Q. B. to Q. 2d.
20. Q. Kn. P. 1.	Q. R. P. 2.
21. K. R. to K. 3d.	Q. R. to Q. Kn.
22. Q. Kn. P. 1.	K. castles with his R.
23. K. Kn. P. 1.	K. Kn. P. 1.
24. K. B. P. takes P.	K. B. takes P.
25. K. R. to K. 2d.	Q. B. to K.

Red.	*Automaton.*
26. K. to Kn. 2d.	Q. B. to K. R. 4th.
27. K. R. to his B. 2d.	K. B. to K. 2d.
28. Q. to K. 3d.	K. R. to his B. 2d.
29. Q. Kn. to B. 3d.	Q. R. to K. B.
30. Q. R. to K. B.	K. B. to Q. Kn. 5th.
31. K. Kn. to its 5th.	R. takes R.
32. R. takes R.	R. takes R.
33. K. takes R.	Q. to K. 2d.
34. K. Kn. to R. 3d.	Q. to K. B. 2d. checking.
35. K. Kn. to his B. 4th.	Q. to K. B. 4th.
36. Q. Kn. P. 1.	Q. checks at her B. 7th.
37. K. Kn. to K. 2d.	K. B. takes Q. Kn.
38. Q. checks at K. Kn. 5th.	B. interposes.

A Drawn Game.

GAME IV.

Mr. * * * *

1. K. P. 2.	K. P. 1.
2. Q. P. 2.	Q. B. P. 1.
3. K. B. to Q. 3d.	K. Kn. P. 1.
4. K. Kn. to B. 3d.	Q. P. 2.
5. K. P. 1.	Q. B. P. 1.
6. Q. B. P. 1.	Q. Kn. to B. 3d.
7. K. castles.	Q. B. P. takes P.
8. Q. B. P. takes P.	K. Kn. to his R. 3d.
9. K. Kn. to its 5th.	Q. to K. 2d.
10. Q. B. to K. 3d.	Q. B. to Q. 2d.
11. Q. to her Kn. 3d.	Q. R. to Kn.

	Red.	*Automaton.*
12.	K. B. P. 2.	K. Kn. to its 5th.
13.	Q. to her B. 2d.	K. Kn. takes Q. B.
14.	B. takes K. Kn. P., checking.	K. to Q.
15.	K. Kn. checks at B. 7th.	Q. takes Kn.
16.	Q. to K. 2d.	Q. takes B.
17.	Q. takes K. Kn.	Q. to K. 5th.
18.	Q. to her 2d.	Q. takes Q. P. checking.
19.	Q. takes Q.	Kn. takes Q.
20.	Q. Kn. to B. 3d.	K. B. to Q. Kn. 5th.
21.	Q. R. to Q.	K. B. takes Q. Kn.
22.	Q. Kn. P. takes B.	Kn. checks at K. 7th.
23.	K. to R.	Kn. takes Q. B. P.
24.	K. R. to his B. 2d.	Kn. takes Q. R.
25.	R. to Q. 2d.	Kn. to K. 6th.
26.	K. R. P. 1.	K. R. to Kn.
27.	K. Kn. P. 2.	Q. R. to her B.
28.	K. to Kn.	Q. R. to her B. 7th.
29.	R. to Q. 3.	Kn. takes K. Kn. P.
30.	R. to K. Kn. 3d.	R. checks at Q. B. 8th.
31.	K. to Kn. 2d.	Kn. checks at K. 6th.
32.	K. to B. 2d.	R. checks at K. B. 8th.
33.	K. takes Kn.	K. R. takes R. checking.
34.	K. to Q. 4th.	Q. R. takes P. checking.
35.	K. to Q. B. 5th.	Q. R. to Q. B. 5th. checking.
36.	K. to Q. 6th.	Q. R. checkmates at her B. 3d.

GAME V.

Mr. M * * * * * R.

	Red.	Automaton.
1.	K. P. 2.	K. P. 1.
2.	Q. P. 2.	Q. B. P. 1.
3.	K. B. P. 2.	Q. P. 2.
4.	K. P. 1.	Q. B. P. 1.
5.	Q. B. P. 1.	Q. Kn. to B. 3d.
6.	K. Kn. to B. 3.	Q. to her Kn. 3d.
7.	Q. to her Kn. 3d.	Q. to her B. 2d.
8.	K. B. to Q. Kn. 5th.	Q. B. to Q. 2d.
9.	Q. B. to K. 3d.	Q. B. P. takes P.
10.	Q. B. P. takes P.	K. Kn. to R. 3d.
11.	K. castles.	K. Kn. to its 5th.
12.	Q. Kn. to Q. 2d.	K. Kn. takes Q. B.
13.	Q. takes Kn.	K. B. to K. 2d.
14.	Q. R. to her B.	K. castles with his R.
15.	B. to Q. 3d.	K. Kn. P. 1.
16.	Q. R. P. 1.	Q. to her Kn. 3d.
17.	Q. Kn. P. 2.	Q. R. P. 2.
18.	Q. Kn. P. 1.	Q. Kn. to Q.
19.	Q. R. P. 1.	Kn. to K. B. 2d.
20.	Q. Kn. to its 3d.	Kn. to K. R. 3d.
21.	K. R. P. 1.	Kn. to K. B. 4th.
22.	K. B. takes Kn.	K. Kn. P. takes B.
23.	Q. Kn. to her B. 5th.	Q. B. to K.
24.	Q. to K. B. 2d.	K. to his R.
25.	K. R. P. 1.	K. R. P. 1.
26.	Q. R. to her B. 2d.	K. R. to his Kn.
27.	K. R. to Q. B.	K. R. to his Kn. 5th.

	Red.	*Automaton.*
28.	K. Kn. P. 1.	Q. B. to K. R. 4th.
29.	K. to his R. 2d.	Q. R. to K. Kn.
30.	K. R. to his Kn.	K. R. to his Kn. 3d.
31.	Q. R. to her B.	K. to his R. 2d.
32.	K. Kn. to Q. 2d.	Q. to her R. 2d.
33.	Q. Kn. P. 1.	Q. takes P.
34.	Q. R. to her Kn.	Q. to her B. 3d.
35.	R. takes Q. Kn. P.	K. R. to his Kn. 2d.
36.	K. Kn. to Q. Kn. 3d.	K. B. takes Kn.
37.	R. takes R. checking.	R. takes R.
38.	Kn. takes K. B.	Q. to her Kn. 3d.
39.	Q. to her 2d.	Q. B. to K. B. 6th.
40.	Q. to her B. 3d.	Q. B. to K. 5th.
41.	Q. to her Kn. 3d.	Q. takes Q.
42.	Kn. takes Q.	R. to Q. Kn. 2d.
43.	Kn. to Q. B. 5th.	R. to Q. Kn. 7th. checking.
44.	K. to R. 3d.	B. to K. B. 6th.
45.	K. Kn. P. 1.	Q. B. takes K. Kn. P. and checks.
46.	R. takes B.	K. B. P. takes R. checking.
47.	K. takes P.	K. to his Kn. 3d.
48.	Kn. takes K. P.	K. R. P. 1. checking.
59.	K. to his Kn. 3d.	R. to Q. Kn. 6th. checking.
50.	K. to his R. 2d	K. to his B. 4th.
51.	Kn. to Q. B. 5th.	R. to his K. 6th.
52.	Kn. to Q. Kn. 7th.	K. takes K. B. P.
33.	Kn. takes Q. R. P.	R. to K. 7th. checking.
54.	K. to R. 3d.	R. checks at K. 6th.
55.	K. to R. 2d.	K. to Kn. 5th.
56.	Kn. to Q. B. 6th.	K. R. checks at K. 7th.
57.	K. to his Kn.	K. takes K. R. P.
58.	Q. R. P. 1.	R. to Q. B. 7th.
59.	Kn. to Q. Kn. 4th.	R. to Q. 7th.

	Red.	*Automaton.*
60.	Q. R. P. 1.	K. to his Kn. 6th.
61.	K. to B.	R. takes Q. P.
62.	Q. R. P. 1.	R. checks at K. B. 5th.
63.	K. to his 2d.	R. to K. B.
64.	Kn. takes Q. P.	R. to Q. R.
65.	K. P. 1.	R. takes Q. R. P.
66.	K. P. 1.	R. to Q. R.
67.	Kn. to K. B. 6th.	K. R. P. 1.
68.	K. P. to queen.	R. takes Q.
69.	Kn. takes R.	K. to his Kn. 7th.
70.	Kn. to K. B. 6th.	K. R. P. 1.
71.	Kn. to his 4th.	K. to his Kn. 6th.
72.	Kn. to K. B. 2d.	K. R. P. 1.
73.	K. to his B.	A Drawn Game.

GAME VI.

Mr. S * * * * R.

1.	K. P. 2.	K. P. 1.
2.	K. B. to Q. B. 4th.	Q. B. P. 1.
3.	Q. P. 1.	Q. P. 2.
4.	K. B. to Q. Kn. 3d.	K. B. to Q. 3d.
5.	K. B. P. 2.	K. Kn. to K. 2d.
6.	K. Kn. to his B. 3d.	Q. to her Kn. 3d.
7.	K. P. 1.	K. B. to Q. B. 2d.
8.	Q. P. 1.	Q. B. P. 1.
9.	Q. B. P. 1.	Q. Kn. to B. 3d.
10.	K. B. to Q. R. 4th.	Q. B. to Q. 2d.
11.	K. B. takes Q. Kn.	Q. Kn. P. takes B.

Red.	*Automaton.*
12. Q. to K. 2d.	Q. B. P. takes Q. P.
13. Q. B. P. takes P.	K. Kn. to his B. 4th.
14. Q. Kn. to Q. 2d.	K. Kn. takes Q. P.
15. K. Kn. takes Kn.	Q. takes K. Kn.
16. Q. Kn. to its 3d.	Q. to her R. 5th.
17. K. castles.	K. B. checks at Q. Kn. 3d.
18. K. to R.	Q. B. P. 1.
19. Q. to K. B. 3d.	K. castles with his R.
20. Q. B. to K. 3.	Q. P. 1.
21. Q. B. to Q. 2d.	Q. B. to its 3d.
22. Q. to K. Kn. 3d.	K. R. to K. B. 4th.
23. Kn. to Q. B.	Q. to her B. 7th.
24. Q. to her 3d.	Q. takes Q.
25. Kn. takes Q.	Q. R. to Q. Kn.
26. Q. Kn. P. 1.	Q. R. to K. B.
27. K. R. P. 1.	K. Kn. P. 2.
28. K. to his R. 2d.	Q. B. to her Kn. 4th.
29. K. R. to his B. 3d.	Q. B. takes Kn.
30. K. R. takes Q. B.	K. Kn. P. takes K. B. P.
31. Q. R. to K.	B. to Q. B. 2d.
32. Q. R. to K. 4th.	K. R takes K. P.
33. Q. R. takes K. R.	B. takes Q. R.
34. R. to K. B. 3d.	B. to Q. B. 2d.
35. Q. B. takes K. B. P.	K. B. takes Q. B.
36. K. Kn. P. 1.	K. B. to K. 6th.
37. R. takes R. checking.	K. takes R.
38. K. to his Kn. 2d.	Q. P. 1.
39. K. to B.	B. to Q. 7th.
40. K. R. P. 1.	K. P. 1.
41. K. Kn. P. 1.	K. P. 1.
42. K. Kn. P. 1.	K. P. 1. and wins.

GAME VII.

Mr. * * * * *

Red.	Automaton.
1. K. P. 2.	K. P. 1.
2. K. B. to Q. B. 4th.	Q. B. P. 1.
3. K. Kn. to B. 3d.	Q. P. 2.
4. K. P. takes Q. P.	K. P. takes P.
5. K. B. to Q. Kn. 3d.	K. Kn. to his B. 3d.
6. K. castles.	K. B. to K. 2d.
7. Q. P. 1.	K. castles.
8. Q. B. P. 2.	Q. B. to K. Kn. 5th.
9. K. R. P. 1.	Q. B. to K. R. 4th.
10. Q. to K. 2d.	Q. to her 2d.
11. Q. Kn. to B. 3d.	K. B. to Q. Kn. 5th.
12. Q. B. to her 2d.	K. B. takes Q. Kn.
13. Q. B. takes B.	Q. Kn. to R. 3d.
14. K. B. to Q.	Q. P. 1.
15. Q. B. to Q. 2d.	Q. R. to K.
16. Q. B. to K. 3d.	Q. P. takes B.
17. K. B. P. takes P.	Q. Kn. to her B. 4th.
18. Q. P. 1.	Q. Kn. to K. 5th.
19. Q. to K.	Q. B. takes Kn.
20. K. R. takes Q. B.	Q. Kn. to K. Kn. 4th.
21. K. R. to his B.	K. Kn. to K. 5th.
22. K. B. to his Kn. 4th.	Q. to K. 2d.
23. Q. B. P. 1.	K. Kn. to his B. 3d.
24. K. B. to Q.	Q. takes K. P. and checks.
25. Q. takes Q.	Q. R. takes Q.

Red.	*Automaton.*
26. K. B. checks at Q. Kn. 3d.	K. Kn. to Q. 4th.
27. K. B. takes K. Kn.	Q. B. P. takes B.
28. K. R. takes K. R. checking.	K. takes R.
29. Q. Kn. P. 2.	K. to his 2d.
30. Q. R. P. 2.	R. to Q. 6th.
31. Q. Kn. P. 1.	R. takes Q. P.
32. Q. B. P. 1.	Q. Kn. P. takes P.
33. Q. Kn. P. takes P.	R. to Q. B. 5th.
34. K. R. P. 1.	Kn. to K. 5th.
35. R. to Q.	K. to Q. 3d.
36. K. Kn. P. 2.	K. takes Q. B. P.
37. K. Kn. P. 1.	Kn. to Q. 3d.
38. R. to Q. R.	R. takes K. R. P.
39. Q. R. P. 1.	R. checks at K. Kn. 5th.
40. K. to R. 2d.	R. takes K. Kn. P.
41. K. to R. 3d.	Q. P. 1.
42. K. to R. 4th.	K. R. P. 1.
43. R. to Q.	K. to Q. 4th.
44. R. to K.	Kn. to B. 4th. checking.
45. K. to R. 3d.	Q. P. 1.
46. R. to Q. Kn.	K. to his 5th.
47. R. to Q. Kn. 7th.	Q. P. 1.
48. R. to Q. 7th.	Kn. to Q. 5th.
42. R. to K. 7th. checking.	R. interposes.
Game lost.	

GAME VIII.

Mr. M * * * * Y.

	Red.	*Automaton.*
1.	K. P. 2.	K. P. 1.
2.	Q. P. 2.	Q. B. P. 1.
3.	K. Kn. to B. 3d.	Q. P. 2.
4.	K. P. takes Q. P.	K. P. takes P.
5.	K. B. to K. 3d.	K. Kn. to B. 3d.
6.	Q. B. to K. B. 4th.	K. B. to K. 2d.
7.	K. Kn. to its 5th.	K. castles.
8.	Q. B. to K. 5th.	K. R. P. 1.
9.	K. R. P. 2.	Q. to K.
10.	Q. to K. 2d.	Q. Kn. to Q. 2d.
11.	Q. B. takes K. Kn.	K. B. takes Q. B.
12.	K. Kn. to K. 6th.	K. R. to his B. 2d.
13.	K. B. to his Kn. 6th.	Q. Kn. to its 3d.
14.	K. B. takes K. R.	K. takes B.
15.	K. Kn. checks at its 5th.	K. R. P. takes K. Kn.
16.	Q. takes Q. checking.	K. takes Q.
17.	K. R. P. takes P.	K. B. takes Q. P.
18.	K. R. checks at its 8th.	K. to his B. 2d.
19.	Q. B. P. 1.	K. B. to K. 4th.
20.	K. B. P. 2.	K. B. takes K. B. P.
21.	Kn. to Q. 2d.	K. B. checks at his Kn. 6th.
22.	K. to B.	Q. B. to K. B. 4th.
23.	K. R. takes Q. R.	Q. Kn. takes R.
24.	K. to Kn.	Q. Kn. to her B. 2.
25.	R. to K. B.	K. to his Kn. 3d.

	Red.	Automaton.
26.	R. to K. B. 3d.	K. B. to Q. 3d.
27.	Q. B. P. 1.	K. B. to Q. Kn. 5th.
28.	Kn. to K. B.	Q. P. takes P.
29.	Kn. to K. 4th.	K. B. to Q. B. 4th.
30.	K. to his R.	K. B. takes Kn.
31.	R. takes K. B.	Kn. to K. 3d.
32.	K. to his Kn.	K. takes P.
33.	K. to his B. 2d.	K. to his B. 3d.
34.	K to B. 3d.	Kn. checks at Q. 5th.
35.	K. to his Kn. 3d.	Q. R. P. 2.
36.	K. to his R. 4th.	Q. B. to her Kn. 8th.
37.	K. Kn. P. 2.	K. Kn. P. 2. checking.
38.	K. to his R. 5th.	B. takes Q. R. P.
39.	R. to K. 8th.	Kn. to K. 3d.
40.	R. takes Kn.	K. takes R.
41.	K. takes P.	B. to Q. Kn. 8th.
	Game lost.	

GAME IX.

Mr. B * * * D.

Red.	*Automaton.*
1. Q. B. P. 2.	K. P. 2.
2. Q. P. 1.	K. Kn. to B. 3d.
3. Q. Kn. to B. 3d.	Q. B. P. 1.
4. K. P. 1.	Q. P. 2.
5. Q. B. P. takes Q. P.	P. takes P.
6. Q. B. to Q. 2d.	Q. Kn. to B. 3d.
7. Q. R. P. 1.	K. B. to Q. 3d.
8. Q. to her Kn. 3d.	K. B. to Q. B. 2d.
9. K. P. 1.	Q. Kn. to Q. 5th.
10. Q. to her square.	K. castles.
11. K. B. to K. 2d.	Q. B. to K. 3d.
12. K. Kn. to B. 3d.	Q. P. takes P.
13. K. Kn. takes Q. Kn.	K. P. takes Kn.
14. Kn. takes K. P.	Kn. takes Kn.
15. Q. P. takes Kn.	Q. to K. R. 5th.
16. K. B. to its 3d.	Q. R. to K.
17. Q. B. to her Kn. 4th.	K. R. to his B. 3d.
18. Q. takes Q. P.	K. B. to Q. Kn. 3d.
19. Q. B. to its 5th.	Q. B. to K. B. 2d.
20. Q. B. takes K. B.	K. R. takes B.
21. K. castles with his R.	K. R. to its 3d.
22. K. R. P. 1.	B. to K. 3d.
23. K. R. to Q.	B. takes K. R. P.
24. P. takes B.	Q. takes K. Kn. P.

	Red.	*Automaton.*
25.	K. B. to his Kn. 2d.	K. R. to his Kn. 3d.
26.	Q. checks at her 5th.	K. to R.
27.	K. P. 1.	K. R. P. 1.
28.	K. R. to Q. 3d.	K. R. takes B. checking.
29.	Q. takes R.	Q. takes K. R.
30.	R. to K.	R. to K. 3d.
31.	R. to K. 3d.	Q. checks at her Kn. 8th.
32.	K. to R. 2d.	Q. takes Q. Kn. P.
33.	K. B. P. 2.	Q. takes Q.
34.	K. takes Q.	K. Kn. P. 1.
35.	K. to B. 3d.	K. to his Kn. 2d.
36.	K. to his 4th.	K. to B. 2d.
37.	K. to Q. 5th.	R. to Q. Kn. 3d.
38.	R. to Q. B. 3d.	K. to his 2d.
39.	R. checks at Q. B. 7th.	K. to Q.
40.	R. to K. R. 7th.	K. R. P. 1.
41.	K. P. 1.	R. checks at Q. Kn. 4th.
42.	K. to Q. 6th.	R. checks at Q. Kn. 3d.

A Drawn Game.

GAME X.

Mr. W * * * * R.

Red.	Automaton.
1. K. P. 2.	K. P. 1.
2. Q. P. 2.	Q. B. P. 1.
3. Q. to K. B. 3d.	Q. P. 2.
4. K. B. to Q. 3.	K. Kn. P. 1.
5. K. Kn. to R. 3.	Q. P. takes K. P.
6. K. B. takes Q. P.	Q. takes Q. P.
7. K. castles.	K. Kn. to B. 3d.
8. K. Kn. to its 5th.	K. B. to K. Kn. 2d.
9. K. R. to Q.	Q. to her Kn. 3d.
10. Q. to K. R. 3d.	K. castles.
11. K. Kn. takes K. R. P.	K. Kn. takes K. Kn.
12. K. B. takes K. Kn. P.	Q. takes K. B. P. checking.
13. K. to R.	Q. checks at K. B.
14. K. R. takes Q.	R. takes R. and checkmates.

GAME XI.

Mr. * * * *

Red.	*Automaton.*
1. K. P. 2.	K. Kn. to his R. 3d.
2. K. B. P. 2.	K. Kn. to his B. 2d.
3. K. Kn. to B. 3d.	K. P. 1.
4. K. B. to Q. B. 4th.	Q. P. 2.
5. K. P. takes Q. P.	K. P. takes P.
6. K. B. to Q. Kn. 3d.	K. B. to K. 2d.
7. Q. P. 2.	K. castles.
8. Q. B. to K. 3d.	Q. B. P. 1.
9. Q. Kn. to Q. 2d.	K. B. to Q. 3d.
10. K. Kn. to K. 5th.	K. B. takes Kn.
11. K. B. P. takes K. B.	K. Kn. to its 4th.
12. Q. B. takes K. Kn.	Q. takes Q. B.
13. Q. Kn. to K. B. 3d.	Q. takes K. Kn. P.
Lost.	

GAME XII.

Mr. C ∗ ∗ ∗ ∗ ∗ ∗ E.

Red.	Automaton.
1. K. P. 2.	K. P. 1.
2. Q. P. 2.	Q. B. P. 1.
3. K. B. P. 2.	Q. P. 2.
4. K. P. 1.	Q. B. P. 1.
5. K. Kn. to B. 3d.	Q. Kn. to B. 3d.
6. Q. B. P. 1.	K. Kn. to R. 3d.
7. K. B. to K. 2d.	Q. to her Kn. 3d.
8. Q. to her Kn. 3d.	Q. to B. 2d.
9. K. castles.	K. B. to K. 2d.
10. Q. to her B. 2d.	Q. B. P. takes P.
11. Q. B. P. takes P.	Q. to her Kn. 3d.
12. K. R. to Q.	K. Kn. to his B. 4th.
13. Q. to her 3d.	Q. Kn. takes Q. P.
14. K. Kn. takes Kn.	K. Kn. takes Kn.
15. K. to his R.	K. Kn. takes K. B.
16. Q. takes Kn.	K. castles.
17. Kn. to B. 3d.	Q. B. to Q. 2d.
18. Q. B. to K. 3d.	K. B. to Q. B. 4th.
19. Q. B. takes K. B.	Q. takes B.
20. Q. to K. Kn. 4th.	K. R. to his B. 2d.
21. Kn. takes Q. P.	K. P. takes Q. Kn.
22. K. P. 1.	Q. B. takes K. P.
23. Q. takes Q. B.	Q. P. 1.
24. Q. R. to her B.	Q. to her Kn. 5th.
25. Q. R. to her B. 7th.	Q. R. to K. B.

	Red.	*Automaton.*
26.	Q. R. takes K. R.	Q. R. takes Q. R.
27.	K. R. to Q. B.	K. R. P. 1.
28.	K. R. to Q. B. 7th.	Q. to K. B.
29.	K. R. to Q. B. 8th.	Q. takes R.
30.	Q. takes Q checking.	K. to his R. 2d.
31.	Q. to her B. 2d. checking.	K. to R.
32.	K. Kn. P. 1.	Q. Kn. P. 1.
33.	K. to his Kn. 2d.	R. to K. B. 3d.
34.	K. to B. 3d.	Q. R. P. 2.
35.	K. to his 4th.	R. to Q. 3d.
36.	K. to his 5th.	R. to K. B. 3d.
37.	K. takes P.	K. to his Kn.
38.	K. to his 5th.	K. to his R.
39.	Q. checks at her B. 8th.	K. to his R. 2d.
40.	Q. checks at K. B. 5th.	R. takes Q.
41.	K. takes R.	Q. Kn. P. 1.
42.	K. Kn. P. 1.	K. to his Kn.
43.	K. to his 6th.	K. to B.
44.	K. R. P. 2.	K. to Kn.
45.	K. B. P. 1.	Q. Kn. P. 1.
46.	K. B. P. 1.	K. Kn. P. takes P.
47.	K. takes P.	K. to his R. 2d.
48.	K. to his B. 7th.	Q. R. P. 1.
49.	K. Kn. P. 1.	K. R. P. takes P.
50.	K. R. P. takes K. R. P.	Q. Kn. P. 1.
51.	P. takes P.	Q. R. P. takes P.
52.	K. Kn. P. 1. checking.	K. to R. 3d.
53.	K. Kn. P. goes to queen, and wins the Game.	

GAME XIII.

Mr. * * * * *

Red.	Automaton.
1. Q. P. 2.	K. Kn. to B. 3d.
2. Q. B. P. 2.	K. P. 1.
3. Q. R. P. 1.	Q. B. P. 2.
4. Q. P. 1.	K. P. 1.
5. Q. Kn. to her B. 3.	Q. P. 1.
6. K. P. 2.	K. B. to K. 2d.
7. Q. B. to K. Kn. 5th.	K. Kn. takes Q. P.
8. Q. B. takes K. B.	K. Kn. takes Q. B.
9. Q. to her 2d.	K. castles.
10. K. castles.	Q. Kn. to her B. 3d.
11. Q. Kn. to Q. 5th.	Q. Kn. to Q. 5th.
12. Q. to K. 3d.	K. Kn. takes Kn.
13. K. P. takes K. Kn.	Q. B. to K. B. 4th.
14. K. B. to Q. 3d.	Q. to K. B. 3d.
15. K. B. P. 1.	Q. R. P. 1.
16. K. Kn. to K. 2d.	Q. Kn. P. 2d.
17. K. B. takes Q. B.	Q. takes K. B.
18. K. Kn. takes Q. Kn.	Q. B. P. takes Kn.
19. Q. to K. 4th.	Q. takes Q.
20. K. B. P. takes Q.	Q. Kn. P. takes Q. B. P.
21. K. to Q. Kn.	K. R. to K. B. 7th.
22. Q. R. to K. B.	K. R. takes K. Kn. P.
23. Q. R. to her B.	Q. R. to her B.

	Red.	*Automaton.*
24.	K. R. P. 1.	K. R. to K. 7th.
25.	K. R. to K.	K. R. takes K. R.
26.	Q. R. takes K. R.	Q. B. P. 1.
27.	R. to Q. B.	R. to Q. Kn.
28.	R. to Q. B. 2d.	R. takes Q. Kn. P. checking.
29.	R. takes R.	Q. B. P takes R.
	Game lost.	

―◆―

GAME XIV.

Mr. M * * * * Y.

1.	K. P. 2.	K. P. 1.
2.	Q. P. 2.	Q. B. P. 1.
3.	Q. B. to K. B. 4th.	Q. P. 2.
4.	K. P. takes Q. P.	Q. B. P. takes K. P.
5.	K. B. checks at Q. Kn. 5th.	Q. Kn. to her B. 3d.
6.	Q. Kn. to B. 3d.	K. Kn. to his B. 3d.
7.	Q. to K. 2d.	K. B. to Q. Kn. 5th.
8.	K. B. takes Kn. checking.	Q. Kn. P. takes K. B.
9.	Q. R. P. 1.	K. B. takes Q. Kn. checking.
10.	Q. Kn. P. takes K. B.	K. castles.
11.	K. R. P. 1.	K. Kn. to K. 5th.
12.	Q. to K. 3d.	Q. to her R. 4th.
13.	K. Kn. to K. 2d.	B. to Q. R. 3d.
14.	K. B. P. 1.	B. takes Kn.
15.	K. B. P. takes K. Kn.	B. to its 5th.
16.	K. P. takes P.	K. R. takes Q. B.
17.	Q. takes K. P. checking.	K. R. to his B. 2d.

	Red.	Automaton.
18.	K. to Q. 2d.	Q. takes Q. P.
19.	Q. takes Q.	Q. B. P. takes Q.
20.	K. R. to K.	K. R. checks at his B. 7th.
21.	K. to Q. B.	K. R. takes K. Kn. P.
22.	Q. R. to Q. Kn.	K. R. P. 1.
23.	Q. R. to her Kn. 4th.	Q. R. to K. B.
24.	Q. R. takes B.	Q. P. takes Q. R.
25.	Q. P. 1.	Q. R. to K. B. 7th.
26.	R. to K. 4th.	R. takes Q. B. P. checking.
27.	K. to Q. Kn.	R. takes Q. B. P.
28.	R. to Q. 4th.	R. to Q. 5th.
29.	R. takes Q. R.	Q. B. P. takes R.
30.	K. to Q. B.	K. to his B. 2d.
	Lost.	

GAME XV.

Mr. K * * n.

1.	K. P. 2.	K. P. 1.
2.	Q. P. 2.	Q. B. P. 1.
3.	K. B. to Q. 3d.	K. Kn. P. 1.
4.	K. Kn. to B. 3d.	Q. P. 2.
5.	K. P. 1.	Q. B. P. 1.
6.	K. B. checks at Q. Kn. 5th.	Q. Kn. to B. 3d.
7.	Q. B. P. 1.	Q. to her Kn. 3d.
8.	Q. to K. 2d.	Q. B. to Q. 2d.
9.	K. B. takes Q. Kn.	Q. Kn. P. takes K. B.
10.	Q. R. P. 2.	Q. B. P. takes P.

Red.	Automaton.
11. Q. B. P. takes P.	Q. B. P. 1.
12. Q. B. to K. 3d.	Q. B. P. 1.
13. Q. Kn. to B. 3d.	Q. R. to Q. Kn.
14. K. castles with his R.	K. Kn. to K. 2d.
15. Q. R. P. 1.	Q. takes Q. Kn. P.
16. Q. takes Q.	Q. R. takes Q.
17. K. R. to Q. Kn.	Q. R. takes K. R.
18. Q. R. takes Q. R.	Kn. to Q. B. 3d.
19. R. to Q. Kn. 7th.	Q. R. P. 1.
20. Q. Kn. to her R. 4th.	Kn. to Q.
21. R. takes Q. B.	K. takes R.
22. Q. Kn. checks at its 6th.	K. to Q. B. 2.
23. Q. B. to Q. 2d.	B. to K. 2d.
24. K. Kn. to K.	Kn. to Q. B. 3d.
25. K. Kn. to Q. B. 2d.	K. to Q. Kn. 2d.
26. K. B. P. 2.	R. to K. B.
27. K. Kn. P. 1.	R. to K. B. 2d.
28. K. Kn. to K. 3d.	Kn. takes Q. P.
29. K. to Kn. 2d.	Kn. to Q. Kn. 6th.
30. B. to K.	B. to Q. B. 4th.
31. K. Kn. takes Q. B. P.	Q. P. takes K. Kn.
32. Kn. takes Q. P.	
Game lost.	

GAME XVI.

Mr. H * * x.

Red.	Automaton.
1. K. P. 2.	K. P. 1.
2. K. B. P. 2.	K. Kn. to R. 3d.
3. Q. Kn. to B. 3.	K. B. to K. 2d.
4. K. Kn. P. 1.	K. castles with his R.
5. Q. P. 2.	Q. P. 2.
6. K. P. 1.	Q. B. P. 2.
7. Q. B. to K. 3d.	K. Kn. to his B. 4th.
8. Q. to her 2d.	Q. Kn. to B. 3d.
9. K. Kn. to B. 3d.	K. Kn. takes Q. B.
10. Q. takes K. Kn.	Q. B. P. takes P.
11. K. Kn. takes Q. B. P.	Q. to her Kn. 3d.
12. K. castles with Q. R.	Kn. takes K. Kn.
13. Q. takes Q. Kn.	K. B. to Q. B. 4th.
14. Q. to her 3d.	Q. B. to Q. 2d.
15. K. B. to K. Kn. 2d.	Q. R. to Q.
16. K. R. P. 2.	Q. B. to its 3d.
17. Kn. to K. 2d.	K. B. checks at K. 6th.
18. K. to Q. Kn.	Q. B. to her Kn. 4th.
19. Q. to her Kn. 3d.	Q. B. takes Kn.
20. Q. takes Q.	K. B. takes Q.
21. Q. R. to Q. 2d.	Q. B. to K. Kn. 5th.
22. K. R. P. 1.	K. R. P. 1.
23. K. R. to its 4th.	Q. B. to K. B. 4th.

Red.	Automaton.
24. K. Kn. P. 1.	Q. B. to K. 5th.
25. K. Kn. P. 1.	K. R. P. takes K. Kn. P.
26. K. R. to K. Kn. 4th.	K. B. to K. 6th.
27. Q. R. to K. 2d.	K. B. takes K. B. P.
28. Q. R. P. 1.	K. B. to its 4th.
29. K. R. takes K. B.	K. Kn. P. takes R.
30. K. B. to its 3d.	K. to his B. 2d.
31. K. to Q. R.	K. R. to his Kn.
32. Q. B. P. 2.	Q. P. takes P.
33. K. B. takes Q. Kn. P.	Q. R. to Q. 8th. checking.
Game lost.	

GAME XVII.

Mr. B * * * n.

1. K. P. 2.	K. P. 1.
2. Q. P. 2.	Q. B. P. 1.
3. Q. B. P. 2.	Q. P. 1.
4. K. Kn. to B. 3d.	K. Kn. P. 1.
5. Q. B. to K. 3d.	K. B. to his Kn. 2d.
6. K. P. 1.	Q. P. 1.
7. Q. B. P. 1.	Q. Kn. P. 1.
8. K. B. to Q. 3d.	Q. Kn. P. takes Q. B. P.
9. Q. P. takes P.	Q. Kn. to Q. 2d.
10. Q. to her B. 2d.	K. Kn. to K. 2d.
11. Q. B. to Q. 4th.	Q. to her B. 2d.
12. Q. to her B. 3d.	K. castles with his R.

	Red.	*Automaton.*
13.	K. castles.	K. Kn. to his B. 4th.
14.	K. B. takes K. Kn.	K. R. takes B.
15.	K. R. to K.	Q. R. P. 2.
16.	Q. R. P. 1.	Q. R. P. 1.
17.	Q. Kn. to Q. 2d.	Q. B. to her R. 3d.
18.	Q. Kn. P. 1.	Q. R. P. takes P.
19.	Q. Kn. takes Q. R. P.	Q. B. to her Kn. 4th.
20.	Q. Kn. to Q. 2d.	K. B. to his R. 3d.
21.	Q. Kn. to K. B.	Q. R. to its 5th.
22.	Q. Kn. to K. 3d.	K. R. to his B.
23.	K. R. to Q. Kn.	K. R. to Q. R.
24.	K. R. to Q. Kn. 4th.	Q. to her R. 4th.
25.	K. R. takes Q. R.	Q. takes K. R.
26.	Q. Kn. to K. Kn. 4th.	K. B. to his Kn. 2d.
27.	Q. Kn. checks at K.B. 6th.	K. B. takes Q. Kn.
28.	P. takes B.	K. R. P. 1.
29.	K. P. 1. checking.	K. takes K. P.
30.	Kn. checks at K. 5th.	Kn. takes Kn.
31.	B. takes Kn.	Q. to K. 5th.
32.	Q. B. to K. R. 8th.	K. P. 1.
33.	Q. B. takes P.	P. to Q. R. 5th.
34.	R. to K.	Q. to her 6th.

An Even Game.

GAME XVIII.

Mr. C ∗ ∗ ∗ ∗ ∗ ∗ E.

Red.	*Automaton.*
1. K. P. 2.	K. P. 1.
2. Q. P. 2.	Q. B. P. 1.
3. K. B. P. 2.	Q. P. 2.
4. K. P. 1.	Q. B. P. 1.
5. K. Kn. to B. 3d.	Q. Kn. to B. 3d.
6. K. B. to Q. Kn. 5th.	Q. B. to Q. 2d.
7. K. B. takes Q. Kn.	Q. Kn. P. takes K. B.
8. K. castles.	Q. B. P. takes Q. P.
9. K. Kn. takes Q. B. P.	Q. B. P. 1.
10. K. Kn. to his B. 3d.	K. Kn. to R. 3d.
11. Q. Kn. to Q. 2d.	Q. to her Kn. 3d.
12. K. to R.	Q. R. P. 2.
13. Q. R. P. 2.	Q. B. P. 1.
14. Q. Kn. P. 1.	Kn. to its 5th.
15. Q. to K. 2d.	K. B. to Q. B. 4th.
16. K. R. P. 1.	Kn. checks at K. B. 7th.
17. K. to R. 2d.	Q. B. P. 1.
18. Q. Kn. to its square.	K. Kn. to K. 5th.
19. K. Kn. to its 5th.	K. Kn. takes K. Kn.
20. K. B. P. takes K. Kn.	Q. P. 1.
21. Kn. to Q. R. 3d.	K. castles with Q. R.
22. Kn. to Q. B. 4th.	Q. to her R. 2d.
23. Q. B. to her R. 3d.	K. R. to K. B.

Red.	*Automaton.*
24. Q. B. takes K. B.	Q. takes Q. B.
25. Kn. to Q. 6th. checking.	K. to Q. Kn.
26. Q. to K. 4th.	B. to its 3d.
27. Q. to K. 2d.	K. to Q. R. 2d.
28. Q. to her B. 4th.	Q. takes K. P. checking.
29. K. to R.	Q. takes Kn.
30. Q. to her 3d.	Q. to her 4th.
31. Q. to K. 2d.	K. P. 1.
32. Q. to K. Kn. 4th.	K. P. 1.
33. K. R. to his B. 4th.	K. R. takes R.
34. Q. takes K. R.	K. P. 1.
Game lost.	

GAME XIX.

Mr. B * * * D.

1. K. P. 2.	K. P. 2.
2. Q. P. 2.	Q. B. P. 1.
3. Q. B. P. 1.	Q. P. 2.
4. K. P. 1.	Q. B. P. 1.
5. K. Kn. to his B. 3d.	Q. Kn. to B. 3d.
6. Q. B. to K. 3d.	Q. B. P. takes P.
7. Q. B. P. takes P.	K. Kn. to K. 2d.
8. K. B. to Q. 3d.	Q. B. to Q. 2d.
9. K. castles.	Q. Kn. to its 5th.
10. K. R. P. 1.	Q. Kn. takes K. B.
11. Q. takes Q. Kn.	Q. to her Kn. 3d.

	Red.	*Automaton.*
12.	Q. Kn. to B. 3d.	Kn. to K. B. 4th.
13.	Q. to her 2d.	K. B. to K. 2d.
14.	Q. R. P. 1.	K. castles with his R.
15.	K. Kn. P. 2.	Kn. takes Q. B.
16.	K. B. P. takes Kn.	K. R. P. 1.
17.	K. Kn. to K. R. 2d.	K. B. to his Kn. 4th.
18.	K. R. takes K. R. checking.	Q. R. takes K. R.
19.	Q. R. to K. B.	Q. R. takes R. checking.
20.	K. Kn. takes R.	Q. to her Kn. 6th.
21.	K. to his B. 2d.	K. B. checks at R. 5th.
22.	K. Kn. to its 3d.	Q. Kn. P. 2.
23.	K. to his Kn. 2d.	Q. R. P. 2.
24.	K. Kn. to K. 2d.	Q. Kn. P. 1.
25.	Q. R. P. takes P.	Q. R. P. takes P.
26.	Q. Kn. to Q.	Q. to her B. 5th.
27.	Q. Kn. P. 1.	Q. takes Q. Kn. P.
28.	K. Kn. to Q. B.	Q. to her B. 5th.
29.	Q. Kn. to its 2d.	Q. to her B. 6th.
30.	Q. takes Q.	Q. Kn. P. takes Q.
31.	Q. Kn. to Q. 3d.	K. B. to K. 2d.
32.	K. to B. 3d.	K. B. to Q. R. 6th.
33.	K. to his 2d.	Q. B. to her Kn. 4th.
34.	K. to Q.	Q. B. checks at her R. 5th.
35.	K. to his 2d.	K. to his B. 2d.
36.	K. Kn. to Q. R. 2d.	K. B. to Q. Kn. 7th.
37.	Q. Kn. to her B. 5th.	Q. B. checks at her Kn. 4th.
38.	K. to Q.	Q. B. to its 5th.
39.	K. Kn. to Q. B.	Q. B. to K. B. 8th.
40.	K. R. P. 1.	Q. B. to K. R. 6th.
41.	K. Kn. P. 1.	K. R. P. takes K. Kn. P.
42.	K. R. P. takes P.	K. to his Kn. 3d.
43.	K. Kn. to Q. 3d.	Q. B. checks at K. Kn. 5th.
44.	K. to Q. B. 2d.	Q. B. to K. B. 4th.

Red.	Automaton.
45. K. to Q. Kn. 3d.	K. takes Kn. P.
46. K. Kn. takes B.	Q. B. P. takes Kn.
47. K. takes Q. B. P.	K. to his Kn. 5th.
48. K. to Q. B. 3d.	K. to his B. 6th.
49. K. to Q. 2d.	K. Kn. P. 2.
50. Kn. to Q. Kn. 3d.	K. Kn. P. 1.
51. Kn. to Q. B.	K. to his B. 7th.
52. Kn. to K. 2d.	K. Kn. P. 1.
Game lost.	

GAME XX.

Mr. T * * * * * N.

1. K. P. 2.	K. P. 1.
2. Q. P. 2.	Q. B. P. 1.
3. Q. R. P. 1.	Q. P. 2.
4. K. P. 1.	Q. B. P. 1.
5. Q. B. P. 1.	Q. Kn. to her B. 3d.
6. K. B. to Q. Kn. 5th.	Q. to her Kn. 3d.
7. K.B. takes Q.Kn. checking.	Q. Kn. P. takes K. B.
8. K. Kn. to his B. 3d.	Q. B. to her R. 3d.
9. K. Kn. to its 5th.	Q. B. to its square.
10. K. R. P. 2.	Q. B. P. takes P.
11. Q. B. P. takes P.	Q. B. P. 1.
12. Q. P. takes P.	K. B. takes Q. P.

Red.	Automaton.
13. K. castles.	Q. B. to her R. 3d.
14. Q. to K. B. 3d.	K. Kn. to R. 3d.
15. K. R. to Q.	K. castles with Q. R.
16. K. Kn. P. 1.	K. R. to B.
17. Q. B. to K. B. 4th.	K. Kn. to his B. 4th.
18. K. R. to Q. 2d.	K. R. P. 1.
19. K. Kn. to his R. 7th.	K. R. to K.
20. K. Kn. to his B. 6th.	K. Kn. P. takes K. Kn.
21. K. P. takes P.	K. Kn. to Q. 5th.
22. Q. to her square.	K. Kn. to Q. Kn. 6th.
23. Kn. to B. 3d.	K. Kn. takes Q. R.
24. Kn. takes Q. P.	K. P. takes Kn.
25. Q. takes K. Kn.	K. to Q. Kn. 2d.
26. Q. Kn. P. 2.	K. B. to Q. 3d.
27. Q. B. to K. 3d.	Q. to her B. 3d.
28. Q. to her 4th.	K. B. to Q. Kn.
29. Q. to her Kn. 2d.	Q. R. to her B.
30. R. to Q.	Q. to her B. 6th.
31. Q. to her R. 2d.	Q. B. to its 5th.
32. Q. to her Kn.	K. B. takes K. Kn. P.
33. Q. to K. B. 5th.	K. to Q. R.
34. Q. to her 7th.	Q. B. to its 2d.
Game lost.	

GAME XXI.

Miss H * * K.

Red.	Automaton.
1. K. P. 2.	K. P. 1.
2. K. B. P. 2.	Q. B. P. 2.
3. Q. B. P. 1.	K. Kn. to R. 3d.
4. K. R. P. 2.	Q. Kn. to her B. 3d.
5. K. Kn. to his B. 3d.	Q. P. 2.
6. K. P. 1.	K. Kn. to B. 4th.
7. Q. P. 2.	Q. B. P. takes P.
8. Q. B. P. takes P.	Q. to her Kn. 3d.
9. K. Kn. P. 2.	K. Kn. takes Q. P.
10. K. B. to Q. 3d.	K. Kn. takes K. Kn.
11. Q. takes Kn.	K. B. to K. 2d.
12. Q. Kn. P. 1.	K. B. checks at Q. Kn. 5th.
13. Kn. to Q. 2d.	K. castles.
14. Q. R. P. 1.	Kn. takes K. P.
15. Q. to K. 2d.	K. B. takes Kn. checking.
16. Q. B. takes B.	Kn. takes K. B. checking.
17. Q. takes Kn.	B. to Q. 2d.
18. Q. R. P. 1.	B. to its 3d.
19. K. R. to his B.	Q. to her square.
20. Q. to K. R. 3d.	Q. to K. B. 3d.
21. Q. R. to Q.	K. P. 1.
22. K. B. P. 1.	Q. P. 1.
23. K. Kn. P. 1.	Q. to her 3d.
24. K. R. P. 1.	B. to Q 2d.

D

Red.	Automaton.
25. Q. to K. B. 3d.	K. P. 1.
26. Q. to K. Kn. 4th,	Q. to her 4th.
27. K. Kn. P. 1.	K. R. P. 1.
28. B. to Q. Kn. 4th	K. R. takes B. P.
29. K. R. takes K. R.	B. takes R.
30. Q. to K. B. 4th.	Q. R. P. 2.
31. Q. B. to Q. 6th.	Q. P. 1.
32. R. to Q. 2d.	K. P. 1.
33. R. to Q. Kn. 2d.	Q. to K. R. 8th. checking.
34. Q. interposes.	Q. P. 1. checking.
35. R. takes P.	K. P. takes R. checking.
36. K. takes P.	Q. takes Q.
Lost.	

GAME XXII.

Mr. C * * * * * * E.

1. K. P. 2.	K. P. 1.
2. Q. P. 2.	Q. B. P. 1.
3. K. B. P. 2.	Q. P. 2.
4. K. P. 1.	Q. B. P. 1.
5. Q. B. P. 1.	Q. Kn. to B. 3d.
6. K. Kn. to B. 3d.	K. Kn. to his R. 3d.
7. K. B. to Q. Kn. 5th.	Q. B. to Q. 2d.

	Red.	*Automaton.*
8.	K. B. takes Q. Kn.	Q. Kn. P. takes K. B.
9.	K. castles.	Q. B. P. takes P.
10.	K. Kn. takes Q. B. P.	Q. B. P. 1.
11.	K. Kn. to B. 3d.	Q. to her Kn. 3d.
12.	K. to R.	Q. B. to her Kn. 4th.
13.	K. R. to K.	K. B. to K. 2d.
14.	B. to K. 3d.	Q. R. P. 2.
15.	Q. Kn. to R. 3d.	Q. B. to its 3d.
16.	Q. to her Kn. 3d.	Q. to her R. 3d.
17.	K. Kn. to its 5th.	Q. B. to Q. 2d.
18.	Q. to her B. 2d.	K. Kn. P. 1.
19.	Q. R. to Q.	K. castles.
20.	K. R. to his B.	K. B. takes Kn.
21.	K. B. P. takes K. B.	K. R. takes K. R. checking.
22.	Q. R. takes K. R.	Q. takes R. checking.
23.	B. to K. Kn.	Kn. to K. B. 4th.
24.	Q. to K. B. 2d.	Q. takes Q.
25.	B. takes Q.	Q. B. P. 1.
26.	B. to its 5th.	R. to Q. Kn.
	Lost.	

GAME XXIII.

Dr. M * * * * e.

	Red.	Automaton.
1.	K. P. 2.	K. P. 1.
2.	Q. P. 2.	Q. B. P. 1.
3.	K. Kn. to B. 3d.	Q. P. 2.
4.	K. B. to Q. 3d.	K. Kn. P. 1.
5.	Q. B. P. 1.	K. B. to his Kn. 2d.
6.	K. P. 1.	Q. R. P. 1.
7.	Q. R. P. 2.	Q. B. P. 1.
8.	Q. B. to K. 3d.	Q. Kn. to B. 3d.
9.	Q. Kn. to Q. 2d.	K. Kn. to K. 2d.
10.	Q. B. to K. Kn. 5th.	K. castles.
11.	K. castles.	Q. to her Kn. 3d.
12.	Q. B. takes K. Kn.	Q. Kn. takes Q. B.
13.	B. to K. 2d.	Q. B. P. takes P.
14.	Q. B. P. takes P.	Q. takes Q. Kn. P.
15.	Q. Kn. to its 3d.	Kn. to Q. B. 3d.
16.	Q. R. to Q. Kn.	Q. to her R. 6th.
17.	Q. R. to its square.	Q. to her Kn. 5th.
18.	Q. to her 3d.	K. R. to his B. 5th.
19.	K. Kn. P. 1.	K. R. to his B.
20.	K. Kn. to Q. 2d.	Q. Kn. P. 1.
21.	K. B. P. 2.	Q. R. P. 1.
22.	Q. to K. 3d.	Q. to K. 2d.

	Red.	*Automaton.*
23.	K. Kn. to his B. 3d.	Kn. to its 5th.
24.	K. Kn. to K.	Q. B. to Q. 2d.
25.	Q. Kn. to her B.	K. R. to Q. B.
26.	Q. Kn. to Q. 3d.	K. R. to Q. B. 6th.
27.	Q. to her 2d.	Q. R. to her B.
28.	Q. Kn. takes Kn.	Q. takes Q. Kn.
29.	K. R. to his B. 3d.	K. R. takes K. R.
30.	Q. takes Q.	*K. R. takes K. Kn. P. checking.
31.	K. R. P. takes K. R.	Q. R. P. takes Q.
32.	B. to Q. Kn. 5th.	Q. B. takes B.
33.	Q. R. P. takes B.	Q. Kn. P. 1.
34.	R. to Q. Kn.	R. to Q. B. 6th.
35.	K. to his Kn. 2d.	B. to its square.
36.	Kn. to K. B. 3d.	B. to Q. R. 6th.
37.	Kn. to K. Kn.	Q. Kn. P. 1.
38.	Kn. to K. 2d.	R. to Q. B. 8th.
39.	Kn. takes R.	Q. Kn. P. takes Kn.
40.	R. takes K. Kn. P.	B. takes R.
41.	K. to R. 3d.	B. to Q. Kn. 7th.
42.	K. to his K. 4th.	B. takes Q. P.
43.	K. to his Kn. 5th.	K. to his Kn. 2d.
	Game lost.	

GAME XXIV.

Mr. T * * * * Y.

Red.	Automaton.
1. K. P. 2.	K. P. 1.
2. Q. P. 2.	Q. B. P. 1.
3. Q. B. to K. 3d.	Q. P. 2.
4. K. P. 1.	Q. Kn. P. 1.
5. Q. R. P. 1.	Q. B. P. 1.
6. Q. B. P. 2.	Q. Kn. to B. 3d.
7. Q. B. P. takes P.	K. P. takes P.
8. Q. Kn. to B. 3d.	Q. B. to K. 3d.
9. K. Kn. to B. 3d.	K. B. to K. 2d.
10. K. B. to Q. Kn. 5th.	Q. to her 2d.
11. Q. Kn. P. 2.	Q. B. P. takes Q. Kn. P.
12. Q. R. P. takes Q. B. P.	K. B. takes P.
13. Q. B. to Q. 2d.	K. Kn. to K. 2d.
14. K. Kn. to its 5th.	K. B. takes Q. Kn.
15. Q. B. takes B.	K. castles.
16. K. castles.	K. R. P. 1.
17. Kn. to K. B. 3d.	B. to K. Kn. 5th.
18. K. B. to K. 2d.	Q. R. P. 2d.
19. K. R. P. 1.	B. takes Kn.
20. K. B. takes B.	Q. Kn. P. 1.
21. K. B. to his Kn. 4th.	K. Kn. to his B. 4th.
22. K. Kn. P. 1.	Q. Kn. P. 1.

	Red.	Automaton.
23.	Q. B. to Q. 2d.	Q. to her R. 2d.
24.	K. B. takes K. Kn.	K. R. takes B.
25.	B. takes K. R. P.	K. Kn. P. takes Q. B.
26.	Q. checks at K. Kn. 4th.	K. R. to his Kn. 4th.
27.	Q. checks at K. 6th.	K. to his R. 2d.
28.	Q. takes Kn.	Q. R. P. 1.
29.	Q. takes Q. P.	Q. Kn. P. 1.
30.	Q. R. to its 3d.	Q. R. to Q. Kn.
31.	K. R. to Q. Kn.	K. R. to his Kn. 2d.
32.	Q. checks at K. 4th.	K. to his R.
33.	Q. P. 1.	K. R. takes K. Kn. P.
34.	K. to his B.	Q. to her R. 3d. checking.
35.	Q. to K. 2d.	K. R. to his Kn. 8th. checking.
36.	K. takes R.	Q. takes Q.
37.	K. P. 1.	R. to K. Kn. checking.
38.	K. to his R.	Q. to K. B. 6th. checking.
39.	K. to his R. 2d.	Q. to K. Kn. 7th. checkmating.

GAME XXV.

Mr. M * * * * y.

Red.	Automaton.
1. K. P. 2.	K. P. 1.
2. Q. P. 2.	Q. B. P. 1.
3. K. B. to Q. 3d.	K. Kn. P. 1.
4. K. Kn. to B. 3d.	Q. P. 2.
5. Q. Kn. to B. 3d.	K. Kn. to R. 3d.
6. Q. B. to K. Kn. 5th.	Q. to her Kn. 3d.
7. Q. Kn. to her R. 4th.	Q. checks at her R. 4th.
8. Q. B. P. 1.	Q. Kn. P. 2.
9. Q. Kn. to her B. 5th.	Q. to her B. 2d.
10. K. P. 1.	K. B. to his Kn. 2d.
11. Q. to her 2d.	K. Kn. to his B. 2d.
12. K. R. P. 2.	Q. R. P. 2.
13. Q. Kn. P. 1.	Q. Kn. to her R. 3d.
14. Q. Kn. P. 1.	Q. R. P. takes P.
15. Q. B. P. takes P.	Q. Kn. takes Q. Kn.
16. Q. Kn. P. takes Kn.	K. castles.
17. K. castles with his R.	Q. R. to its 5th.
18. Q. R. to Q. Kn.	Q. to her R. 2d.
19. Q. R. to her Kn. 2d.	Kn. takes Q. B.
20. K. R. P. takes Kn.	K. R. takes Kn.
21. K. Kn. P. takes K. R.	R. takes Q. P.
22. Q. to K. 3d.	R. to its 5th.

	Red.	*Automaton.*
23.	P. to K. B. 4th.	Q. to K. B. 2d.
24.	P. to K. B. 5th.	K. Kn. P. takes P.
25.	K. B. P. 2.	K. B. to its square.
26.	K. R. to Q. B.	Q. to her R. 2d.
27.	K. R. to Q. B. 2d.	Q. B. to Q. 2d.
28.	K. to R.	Q. P. 1.
29.	Q. to K. R. 3d.	Q. B. to K.
30.	K. R. to its 2d.	Q. B. to K. Kn. 3d.
31.	Q. to K. B. 3d.	Q. to her 2d.
32.	Q. R. to K. Kn. 2d.	R. to Q. R. 6th.
33.	K. R. to its 6th.	K. B. takes K. R.
34.	K. Kn. P. takes B.	Q. to her 4th.
35.	Q. takes Q.	K. P. takes Q.
36.	B. takes K. B. P.	K. to his B. 2d.
37.	B. to Q. 7th.	B. to K. 5th.
38.	B. takes Q. B. P.	R. takes Q. R. P.
	Lost.	

GAME XXVI.

Mr. W * * * * * Y.

Red.	Automaton.
1. Q. P. 2.	Q. P. 2.
2. K. B. P. 2.	K. Kn. to his B. 3d.
3. K. P. 1.	K. P. 1.
4. K. Kn. P. 1.	Q. B. P. 2.
5. Q. R. P. 1.	Q. Kn. to B. 3d.
6. Q. B. P. 1.	Q. B. P. 1.
7. K. Kn. to B. 3d.	K. B. to Q. 3d.
8. K. B. to K. 2d.	K. castles.
9. K. castles.	Q. Kn. P. 2.
10. Q. Kn. P. 2.	Q. R. P. 2.
11. Q. Kn. P. takes P.	Q. R. takes Q. Kn. P.
12. Q. B. to her Kn. 2d.	Q. to K. 2d.
13. Q. to her B.	Q. B. to Q. 2d.
14. Q. Kn. to Q. 2d.	K. R. to Q. R.
15. Q. R. P. 1.	Q. R. takes Q. R. P.
16. Q. to her B. 2d.	K. Kn. P. 1.
17. K. R. to Q. Kn.	Q. R. to its 7th.
18. Q. to her B.	Q. Kn. P. 1.
19. K. Kn. to K. 5th.	Q. Kn. P. 1.
20. Q. to her square.	K. B. takes K. Kn.
21. Q. P. takes K. B.	K. Kn. to K.
22. K. to his Kn. 2d.	Q. to her B. 4th.
23. K. to his B. 3d.	K. Kn. to its 2d.

Red.	Automaton.
24. K. Kn. P. 1.	Q. Kn. to K. 2d.
25. K. P. 1.	B. to Q. B. 3d.
26. K. P. takes P.	Q. Kn. takes P.
27. Q to K. Kn.	Q. Kn. takes Q. B. P. checking.
28. K. to his Kn. 3d.	Q. Kn. takes K. B. checking.
29. K. to his R. 4th.	Q. Kn. takes Q.
30. K. R. takes Q. Kn.	Q. R. takes Q. B.
31. Q. R. to K. B.	Q. R. takes Kn.
32. K. B. P. 1.	K. P. takes K. B. P.
Game lost.	

GAME XXVII.

Mr. B * * * D.

1. K. P. 2.	K. P. 1.
2. Q. P. 2.	Q. B. P. 1.
3. K. Kn. to B. 3d.	Q. P. 2.
4. K. P. 1.	Q. B. P. 1.
5. Q. B. P. 1.	Q. Kn. to her B. 3d.
6. K. B. to Q. Kn. 5th.	Q. B. to Q. 2d.
7. K. B. takes Q. Kn.	Q. Kn. P. takes B.
8. K. castles.	Q. B. P. takes P.

Red.	*Automaton.*
9. Q. B. P. takes P.	Q. B. P. 1.
10. Q. B. to K. 3d.	Q. to her Kn. 3d.
11. Q. to her 2d.	Q. B. P. 1.
12. Q. Kn. to B. 3d.	K. B. to Q. Kn. 5th.
13. Q. R. P. 1.	K. B. to Q. R. 4th.
14. K. Kn. to K.	Q. R. to her Kn.
15. Q. R. to her Kn.	Q. to her Kn. 6th.
16. Q. to her B. 2d.	K. B. takes Kn.
17. Q. to K. 2d.	K. B. takes Kn.
18. K. R. takes B.	Kn. to K. 2d.
19. B. to K. Kn. 5th.	Kn. to K. B. 4th.
20. Q. checks at K. R. 5th.	K. Kn. P. 1.
21. Q. to K. Kn. 4th.	K. castles.
22. B. to K. B. 6th.	Q. to her B. 7th.
23. K. R. P. 2.	Q. R. takes Q. Kn. P.
24. Q. R. to her B.	Q. takes K. B. P. checking.
25. K. to his R. 2d.	K. R. takes Q. B.
26. K. P. takes R.	Q. takes K. R. P. checking.
27. Q. takes Q.	Kn. takes Q.
28. K. R. to his Kn.	K. Kn. checks at his B. 6th.
29. K. to his Kn. 3d.	Kn. takes K. R.
Game lost.	

GAME XXVIII.

Mr. * * * *

Red.	Automaton.
1. Q. P. 2.	Q. P. 2.
2. K. P. 1.	K. Kn. to B. 3d.
3. Q. B. P. 2.	K. P. 1.
4. K. B. P. takes Q. P.	K. P. takes P.
5. Q. Kn. to B. 3d.	Q. B. P. 1.
6. K. B. to Q. 3d.	K. B. to Q. 3.
7. K. Kn. to K. 2d.	K. castles.
8. K. B. P. 1.	Q. to her B. 2d.
9. K. P. 1.	Q. P. takes K. P.
10. K. B. P. takes Q. P.	K. Kn. to its 5th.
11. K. Kn. P. 1.	K. Kn. to his B. 7th.
12. Q. checks at her Kn. 3d.	K. to his R.
13. K. R. to his B.	K. Kn. takes B. checking.
14. K. to Q. 2d.	K. R. takes R.
15. K. takes K. Kn.	Q. Kn. P. 1.
16. Q. R. P. 2.	Q. B. checks at her R. 3d.
17. K. to Q. B. 2d.	Q. to K. 2d.
18. K. P. 1.	K. B. to Q. Kn. 5th.
19. B. to K. Kn. 5th.	Q. takes B.
20. Q. takes K. B.	Q. checks at K. B. 4th.
21. K. to Q. Kn. 3d.	K. R. takes R.
22. Q. to her 6th.	Kn. to Q. 2d.

Red.	Automaton.
23. Q. takes Q. B. P.	Q. R. to her B.
24. Q. to K. 4th.	Q. takes Q.
25. Q. Kn. takes Q.	Q. B. takes K. Kn.
26. Kn. to Q. B. 3d.	B. to K. B. 6th.
27. K. to Q. B. 2d.	K. R. takes Q. R. P.
28. K. to Q. 2d.	Q. R. takes Kn.
29. P. takes R.	B. to Q. 4th.
Lost.	

GAME XXIX.

Mr. B * * * D.

1. K. P. 2.	K. P. 1.
2. Q. P. 2.	Q. B. P. 1.
3. K. B. P. 2.	Q. P. 2.
4. K. P. 1.	Q. B. P. 1.
5. Q. B. P. 1.	Q. Kn. to B. 3d.
6. K. Kn. to his B. 3d.	K. Kn. to R. 3d.
7. K. B. to Q. 3d.	Q. B. P. takes P.
8. Q. B. P. takes P.	K. B. to K. 2d.
9. Q. to her B. 2d.	K. Kn. P. 1.
10. K. castles.	Q. B. to Q. 2d.
11. Q. R. P. 1.	Q. to her Kn. 3d.
12. Q. B. to K. 3d.	K. castles with Q. R.
13. K. R. P. 1.	K. Kn. to his B. 4th.
14. Q. B. to K. B. 2d.	K. to Q. Kn.
15. K. B. takes K. Kn.	K. Kn. P. takes B.

Red.	Automaton.
16. Q. Kn. to B. 3d.	Kn. to Q. R. 4th.
17. Q. Kn. P. 2.	Kn. to Q. B. 5th.
18. K. Kn. to Q. 2d.	Q. R. to her B.
19. Q. to her R. 2d.	Kn. takes Q. R. P.
20. K. R. to Q. B.	K. B. takes Q. Kn. P.
21. Q. to her Kn. 2d.	B. takes Q. Kn.
22. Q. takes Q.	P. takes Q.
23. Q. R. takes Kn.	K. B. takes Kn.
24. K. R. takes Q. R.	R. takes R.
25. R. to K. Kn. 3d.	R. checks at Q. B. 8th.
26. K. to his R. 2d.	K. B. takes K. B. P.
Game lost.	

GAME XXX.

Mr. J * * * * * N.

1. K. P. 2.	K. P. 1.
2. Q. P. 1.	Q. B. P. 2.
3. Q. B. to Q. 2d.	Q. Kn. to B. 3d.
4. Q. Kn. to B. 3d.	K. Kn. to B. 3d.
5. K. Kn. to B. 3.	K. P. 1.
6. Q. to K. 2d.	Q. P. 1.
7. K. castles with Q. R.	K. B. to K. 2d.
8. K. to Q. Kn.	K. castles.
9. Q. B. to K. 3.	K. R. P. 1.
10. K. R. P. 2.	Q. B. to K. 3d.
11. K. Kn. P. 1.	Q. to K.
12. Q. Kn. to its 5th.	Q. to her square.
13. K. R. to his Kn.	Q. B. to K. Kn. 5th.

Red.	Automaton.
14. K. B. to K. Kn. 2d.	Q. R. P. 1.
15. Q. Kn. to her B. 3d.	K. Kn. to his R. 4th.
16. Q. to K.	Q. B. takes K. Kn.
17. K. B. takes B.	K. R. takes K. B.
18. Q. to K. 2d.	Q. to K. B.
19. Q. Kn. to Q. 5th.	K. Kn. P. 1.
20. Q. R. to K. B.	K. to his R. 2d.
21. Q. to her 2d.	K. Kn. to his B. 3d.
22. Kn. to Q. B. 7th.	Q. R. to her B.
23. Kn. to Q. 5th.	K. Kn. takes Kn.
24. K. P. takes Kn.	Kn. to Q. 5th.
25. K. Kn. P. 1.	Q. to K. Kn. 2d.
26. K. R. to its square.	Q. R. to K. B.
27. Q. R. P. 2.	Q. Kn. P. 2.
28. Q. R. P. 1.	Q. Kn. P. 1.
29. K. Kn. P. 1.	K. R. P. 1.
30. Q. Kn. P. 1.	Q. to K. B. 2d.
31. Q. to K.	Q. takes Q. P.
32. Q. to her square.	K. B. to Q.
33. K. to Q. Kn. 2d.	B. takes Q. R. P.
34. Q. B. takes Kn.	Q. takes B. checking.
35. K. to Q. Kn.	K. R. takes K. B. P.
36. Q. R. takes K. R.	Q. takes Q. R.
37. K. to Q. Kn. 2d.	B. to Q. B. 2d.
38. R. to K. R. 3d.	Q. to K. B. 8th.
39. R. to K. R.	Q. takes Q.
40. R. takes Q.	R. to K. B. 5th.
Game lost.	

GAME XXXI.

Mr. W ∗ ∗ ∗ ∗ ∗ ∗ s.

Red.	*Automaton.*
1. K. P. 2.	K. P. 1.
2. Q. P. 2.	Q. B. P. 1.
3. Q. Kn. to B. 3d.	Q. P. 2.
4. K. P. 1.	Q. B. P. 1.
5. Q. P. takes P.	K. B. takes Q. P.
6. Q. B. to K. 3d.	Q. P. 1.
7. Q. B. takes P.	Q. takes B.
8. Q. takes Q.	K. B. takes Q.
9. K. B. P. 2.	K. B. takes Q. Kn. checking.
10. Q. Kn. P. take K. B.	B. to Q. 2d.
11. B. to Q. B. 4th.	K. Kn. to K. 2d.
12. K. Kn. P. 1.	B. to its 3d.
13. Q. R. to Q.	B. takes K. R.
14. B. takes K. P.	B. to its 3d.
15. Kn. to R. 3d.	B. to Q. 2d.
16. Kn. to its 5th.	B. takes B.
17. Kn. takes Q. B.	Q. Kn. to R. 3d.
18. K. takes K. Kn. P. checking.	K. to his B. 2d.
19. Kn. to K. R. 5th.	Q. R. to Q.
20. R. to Q. 4th.	R. takes R.
21. P. takes Q. R.	R. to Q. B.
22. K. to Q. 2d.	Q. Kn. to its 5th.

Red.	Automaton.
23. Q. B. P. 1.	Q. Kn. takes P.
24. Kn. to K. B. 6th.	K. to his Kn. 3d.
25. Kn. to K. 4th.	K. Kn. to Q. 4th.
26. Kn. to Q. 6th.	R. takes P.
27. Kn. takes Q. Kn. P.	K. Kn. to K. 6th.
28. Kn. to Q. B. 5th.	K. Kn. checks at B. 8th.
29. K. to his 2d.	K. Kn. takes K. R. P.
30. Kn. to K. 4th.	R. to Q. Kn. 6th.
31. K. to his B. 2d.	K. Kn. checks at its 5th.
32. K. to his Kn. 2d.	Q. Kn. to its 5th.
33. K. to his R. 3d.	K. R. P. 2.
34. K. to his R. 4th.	R. to Q. Kn. 7th.
35. Kn. to K. Kn. 5th.	R. checks at K. Kn. 7th.
36. Kn. to K. R. 3d.	K. Kn. to his B. 7th.
37. K. B. P. 1. checking.	K. to his R. 3d.
38. Plays any where.	R. takes Kn. checkmating.

GAME XXXII.

Mr. K * * n.

Red.	Automaton.
1. K. P. 2.	K. P. 1.
2. Q. P. 2.	Q. B. P. 1.
3. K. B. to Q. 3d.	K. Kn. P. 1.
4. Q. R. P. 1.	Q. P. 2.
5. K. P. 1.	Q. B. P. 1.
6. K. B. P. 2.	Q. Kn. to B. 3d.
7. K. Kn. to his B. 3d.	K. Kn. to R. 3d.
8. K. castles.	K. B. to K. 2d.
9. Q. Kn. P. 1.	K. castles.
10. Q. to K.	Q. B. P. takes P.
11. K. Kn. takes P.	K. B. to Q. B. 4th.
12. Q. B. to K. 3d.	K. Kn. to its 5th.
13. K. R. P. 1.	K. Kn. takes Q. B.
14. Q. takes K. Kn.	Q. to her Kn. 3d.
15. Q. Kn. to Q. 2d.	Kn. takes K. Kn.
16. Q. to K. Kn. 3d.	Kn. checks at K. 7th.
17. K. to R. 2d.	Kn. takes Q.
Game lost.	

GAME XXXIII.

Baron S * * * * * R.

	Red.	Automaton.
1.	K. P. 2.	K. P. 1.
2.	Q. P. 2.	Q. B. P. 1.
3.	Q. B. to K. 3d.	Q. P. 2.
4.	K. P. 1.	K. Kn. P. 1.
5.	K. B. to K. 2d.	K. Kn. to R. 3d.
6.	Q. B. takes K. Kn.	K. B. takes Q. B.
7.	K. Kn. P. 1.	Q. to her Kn. 3d.
8.	Q. Kn. P. 1.	Q. B. P. 1.
9.	Q. P. takes P.	Q. takes Q. P.
10.	K. B. P. 2.	Q. Kn. to her B. 3d.
11.	K. Kn. to B. 3d.	K. castles.
12.	Q. B. P. 1.	Q. R. P. 2.
13.	K. Kn. to Q. 4th.	Q. B. to Q. 2d.
14.	B. to Q. Kn. 5th.	Q. R. to her B.
15.	Q. to her 3d.	K. R. to his B. 2d.
16.	K. Kn. to K. 2d.	Q. Kn. takes K. P.
17.	K. B. P. takes Kn.	Q. B. takes B.
18.	Q. to her B. 2d.	Q. checks at K. B. 7th.
19.	K. to Q.	Q. checks at K. B. 8th.
20.	R. takes Q.	K. R. takes R. checkmating.

GAME XXXIV.

Mr. W ****** s.

Red. — *Automaton.*

1. K. P. 2. — K. P. 1.
2. Q. P. 2. — Q. B. P. 1.
3. Q. B. to K. 3d. — Q. P. 2.
4. K. P. 1. — K. Kn. P. 1.
5. K. B. to K. 2d. — K. Kn. to R. 3d.
6. Q. B. takes K. Kn. — K. B. takes B.
7. Q. B. P. 1. — Q. B. P. 1.
8. Q. P. takes P. — Q. to her B. 2d.
9. Q. to her 4th. — Q. Kn. to B. 3d.
10. Q. to K. R. 4th. — K. B. to Q. B. 8th.
11. Q. Kn. P. 2d. — K. B. to Q. Kn. 7th.
12. K. B. to Q. Kn. 5th. — Q. takes K. P. checking.
13. K. Kn. to K. 2d. — K. B. takes Q. R.
14. K. castles. — Q. R. P. 1.
15. B. takes Kn. checking. — Q. Kn. P. takes K. B.
16. R. to K. — K. castles.
17. K. B. P. 2. — Q. to K. B. 3d.
18. Q. to K. B. 2d. — Q. R. P. 1.
19. K. Kn. P. 2. — Q. R. P. takes P.
20. K. Kn. P. 1. — Q. to K. B. 4th.
21. K. Kn. to Q. 4th. — Q. takes K. B. P.
22. Q. takes Q. — K. R. takes Q.
23. K. Kn. takes Q. B. P. — Q. Kn. P. takes P.
24. K. Kn. checks at K. 7th. — K. to his Kn. 2d.
25. K. Kn. takes Q. B. — Q. R. takes K. Kn.
26. R. takes K. P. — Q. B. P. 1.
27. R. checks at K. 7th. — K. to B.
28. R. to K. — K. B. to Q. Kn. 7th.

Game lost.

GAME XXXV.

Mr. * * * *

Red.	Automaton.
1. Q. P. 2.	Q. P. 2.
2. Q. B. P. 1.	K. Kn. to his B. 3d.
3. K. P. 1.	K. P. 1.
4. K. B. to Q. 3d.	Q. B. P. 2.
5. K. Kn. to B. 3d.	Q. Kn. to B. 3d.
6. Q. Kn. P. 2.	Q. B. P. takes Q. Kn. P.
7. K. castles.	Q. B. P. takes P.
8. Q. Kn. takes P.	K. B. to Q. 3d.
9. Q. Kn. to its 5th.	K. B. to Q. Kn.
10. Q. B. to her R. 3d.	Q. R. P. 1.
11. Q. Kn. to her B. 3d.	Q. Kn. P. 2.
12. Q. B. to her Kn. 2d.	Q. to her 3d.
13. K. R. P. 1.	K. castles.
14. K. Kn. P. 1.	K. P. 1.
15. K. B. to K. 2d.	Q. B. takes K. R. P.
16. K. R. to K.	K. P. 1.
17. K. Kn. to its 5th.	Q. B. to Q. 2d.
18. K. B. to its square.	K. Kn. to its 5th.
19. K. Kn. to his R. 3d.	K. Kn. takes K. B. P.
20. K. Kn. takes K. Kn.	Q. takes K. Kn. P. checking.
21. K. B. to his Kn. 2d.	Q. takes K. Kn. checking.
22. K. to his R.	Q. checks at K. R. 5th.
23. K. to his Kn.	Q. checkmates at K. R. 7th.

GAME XXXVI.

Mr. T * * * * * y.

Red.	Automaton.
1. K. P. 2.	K. P. 1.
2. Q. P. 2.	Q. B. P. 1.
3. K. Kn. to B. 3d.	Q. P. 2.
4. K. B. to Q. 3d.	K. Kn. P. 1.
5. K. P. 1.	Q. B. P. 1.
6. Q. B. P. 1.	Q. Kn. to B. 3d.
7. K. castles.	Q. B. P. takes Q. P.
8. Q. B. P. takes P.	K. Kn. to R. 3d.
9. Q. B. to K. Kn. 5th.	Q. to her Kn. 3d.
10. Q. to her Kn. 3d.	Q. takes Q.
11. Q. R. P. takes Q.	K. B. to his Kn. 2d.
12. K. Kn. to her 2d.	K. castles.
13. K. R. P. 1.	K. Kn. to his B. 4th.
14. Q. R. to its 4th.	Q. B. to Q. 2d.
15. K. B. to Q. Kn. 5th.	Q. Kn. takes K. P.
16. Q. P. takes Q. Kn.	Q. B. takes K. B.
17. Q. R. to K. B. 4th.	Q. B. takes K. R.
18. Q. Kn. takes Q. B.	K. R. P. 1.
19. B. to K. B. 6th.	B. takes B.
20. K. P. takes K. B.	K. R. takes K. P.
21. K. Kn. to K. 5th.	K. Kn. P. 1.
22. R. to K. Kn. 4th.	Kn. to Q. 3d.
23. K. R. P. 1.	K. R. to K. B. 5th.

Red.	*Automaton.*
24. Q. Kn. to K. R. 2d.	Q. R. to her B.
25. K. Kn. P. 1.	K. R. to K. 5th.
26. K. R. P. takes K. Kn. P.	K. R. takes K. Kn.
27. K. R. P. takes K. R. P. checking.	K. to his R.
28. Kn. to K. B. 3d.	K. R. to its 4th.
29. R. to K. Kn. 6th.	Q. R. to K.
30. K. Kn. P. 1.	K. R. to K. R. 6th.
31. K. to his Kn. 2d.	K. R. takes Kn.
32. K. takes K. R.	Q. R. P. 2.
33. K. Kn. P. 1.	Kn. to K. 5th.
34. K. to his Kn. 2d.	R. to K. Kn.
35. R. takes R.	K. takes R.
36. K. Kn. P. 1.	K. P. 1.
37. K. B. P. 1.	Kn. to Q. B. 4th.
38. Q. Kn. P. 1.	Q. R. P. takes P.
39. K. to his Kn. 3d.	Q. P. 1.
40. K. to his Kn. 4th	Kn. to K. 3d.
41. K. to his B. 5th.	Kn. to K. B.
42. K. to his B. 6th.	Kn. takes K. Kn. P.
43. K. takes Kn.	Q. P. 1.
44. K. R. P. 1. checking.	K. to R.
45. K. to his B. 5th.	Q. P. 1.
Game lost.	

GAME XXXVII.

Mr. * * * * * * *

Red.	Automaton.
1. K. P. 2.	K. P. 1.
2. Q. B. P. 2.	Q. B. P. 2.
3. Q. Kn. to B. 3d.	Q. Kn. to B. 3d.
4. K. B. P. 1.	K. Kn. to B. 3d.
5. K. Kn. to R. 3d.	K. B. to K. 2d.
6. K. Kn. to K. B. 4th.	K. castles.
7. K. B. to K. 2d.	K. Kn. takes K. P.
8. K. Kn. P. 1.	K. Kn. takes Q. Kn.
9. Q. Kn. P. takes K. Kn.	K. B. to Q. 3d.
10. Q. P. 1.	K. B. takes K. Kn.
11. K. Kn. P. takes K. B.	Q. to K. R. 5th. checking.
12. K. to B.	K. P. 1.
13. Q. to K.	Q. to K. R. 6th. checking.
14. K. to his B. 2d.	K. P. takes P.
15. Q. to K. B.	Q. to K. R. 5th. checking.
16. K. to his Kn.	K. R. to K. B. 3d.
17. Q. B. takes K. B. P.	Q. takes Q. B.
18. K. to his B. 2d	Q. to K. R. 5th. checking.
19. K. to his 3d.	Q. to K. B. 5th. checking.
20. K. to his B. 2d.	Kn. to K. 4th.
21. K. to his square.	Q. to K. 6th.
22. K. R. P. 2d.	Kn. takes K. B. P. checking.
23. K. to Q.	Q. to her 7th. checkmating.

GAME XXXVIII.

Mr. N * * * H.

Red.	Automaton.
1. K. P. 2.	K. P. 1.
2. Q. P. 2.	Q. B. P. 1.
3. Q. B. P. 1.	Q. P. 2.
4. K. P. 1.	Q. B. P. 1.
5. Q. Kn. P. 1.	Q. B. P. takes P.
6. Q. B. P. takes P.	Q. Kn. to B. 3d.
7. K. B. P. 2.	K. Kn. to R. 3d.
8. K. B. to Q. 3d.	Q. to her Kn. 3d.
9. K. Kn. to B. 3d.	K. B. to Q. Kn. 5th. checking.
10. Q. B. to Q. 2d.	Q. Kn. takes Q. P.
11. Q. B. takes K. B.	Q. Kn. takes K. Kn. checking.
12. Q. takes Q. Kn.	Q. takes Q. B. checking.
13. Q. Kn. to Q. 2d.	K. castles.
14. K. R. P. 2.	Q. to her 5th.
15. Q. R. to Q.	K. R. takes K. B. P.
16. Q. to K. 2d.	K. R. takes K. R. P.
17. K. R. takes K. R.	Q. takes K. R. checking.
18. Q. to K. B. 2d.	Q. takes Q. checking.
19. K. takes Q.	K. Kn. to its 5th. checking.
20. K. to his B. 3d.	Kn. takes K. P. checking.
21. K. to his 2d.	Kn. takes K. B.

Red.	Automaton.
22. K. takes Kn.	K. P. 1.
23. Q. R. to K.	Q. B. to K. B. 4th. checking.
24. K. to Q. B. 3d.	Q. R. to Q. B. checking.
25. K. to Q. Kn. 2d.	R. to Q. B. 7th. checking.
26. K. to Q. R.	R. takes Kn.
27. R. takes K. P.	B. to K. 5th.
28. Q. R. P. 2.	K. to his B. 2d.
29. Q. Kn. P. 1.	R. takes K. Kn. P.
30. Q. K. P. 1.	Q. Kn. P. 1.
31. R. to K. R. 5th.	K. Kn. P. 2.
32. R. to K. R. 6th.	B. to K. Kn. 3d.
33. Q. R. P. 1.	R. to K. Kn. 8th. checking.
34. K. to Q. R. 2d.	Q. Kn. P. takes Q. R. P.
35. R. to its 2d.	R. to K. Kn. 5th.
36. R. to K. B. 2d. checking.	R. to K. B. 5th.
37. R. to Q. 2d.	B. to K. 5th.
38. R. to K. R. 2d.	K. Kn. P. 1.
39. R. to K. R. 4th.	K. to his Kn. 3d.
40. R. to K. R. 2d.	K. Kn. P. 1.
41. R. to Q. 2.	R. to K. B. 7th.
42. R. takes R.	K. Kn. P. takes R.
Game lost.	

GAME XXXIX.

Mr. K * * n.

	Red.	Automaton.
1.	K. P. 2.	K. P. 1.
2.	Q. P. 2.	Q. B. P. 1.
3.	K. B. to Q. 3d.	K. Kn. P. 1.
4.	Q. B. P. 1.	Q. P. 2.
5.	K. P. 1.	Q. B. P. 1.
6.	K. Kn. to R. 3d.	Q. Kn. to B. 3d.
7.	Q to K. Kn. 4th.	Q. B. P. takes Q. P.
8.	Q. B. P. takes P.	K. Kn. to K. 2d.
9.	Q. B. to. K. 3d.	Q. to her Kn. 3d.
10.	K. castles.	Q. takes Q. Kn. P.
11.	Q. Kn. tb Q. 2d.	Q. to her Kn. 3d.
12.	Q. Kn. to its 3d.	K. Kn. to his B. 4th.
13.	K. R. to Q. Kn.	K. Kn. takes Q. B.
14.	K. B. P. takes K. Kn.	Q. to her B. 2d.
15.	K. R. to Q. B.	Q. to K. Kn. 2d.
16.	K. Kn. to K. B. 4th.	Q. to K. R. 3d.
17.	Q. Kn. to her B. 4th.	K. B. takes Q. Kn.
18.	K. R. takes K. B.	K. castles.
19.	Q. R. to K. B.	Q. B. to Q. 2d.
20.	Q. R. to K. B. 3d.	Q. R. to her B.
21.	Q. R. to K. R. 3d.	Q. to K. Kn. 2d.
22.	K. R. to Q. B.	Q. Kn. to K. 2d.

Red.	Automaton.
23. K. R. to K. B.	Q. R. to her B. 6th.
24. K. P. 1.	Q. P. takes K. P.
25. K. B. takes Q. P.	Q. R. takes Q. R.
26. K. Kn. P. takes Q. R.	Kn. to K. B. 4th.
27. Q. to her square.	Kn. to K. 6th.
28. Q. to her Kn. 3d.	Kn. takes R.
29. Kn. takes K. P.	B. takes Kn.
30. Q. takes B. checking.	Q. to K. B. 2d.
31. Q. to K. Kn. 4th.	Q. to K. B. 7th. checking.
32. K. to his R.	Q. takes K. R. P. checkmating.

GAME XL.

Mr. W * * * * * y.

1. K. P. 2.	K. P. 1.
2. Q. P. 2.	Q. B. P. 1.
3. K. B. to Q. B. 4th.	Q. P. 2.
4. K. B. to Q. 3d.	K. Kn. P. 1.
5. K. R. P. 1.	K. Kn. to his R. 3d.
6. Q. B. to K. 3d.	Q. to her Kn. 3d.
7. Q. Kn. P. 1.	K. Kn. to B. 2d.
8. K. Kn. to B. 3d.	Q. Kn. to R. 3d.
9. Q. to K. 2d.	Q. Kn. to its 5th.
10. K. castles with his R.	Q. Kn. takes K. B.
11. Q. takes Q. Kn.	K. B. to K. 2d.
12. Q. B. P. 1.	K. castles.

	Red.	*Automaton.*
13.	Q. Kn. to Q. 2d.	Q. R. P. 2d.
14.	Q. R. to her Kn.	Q. to her B. 2d.
15.	K. P. 1.	Q. Kn. P. 2.
16.	Q. B. P. 1.	Q. B. to her R. 3d.
17.	Q. R. to her B.	Q. to her Kn. 2d.
18.	Q. B. P. 1.	Q. Kn. P. 1.
19.	Q. to her B. 2d.	Q. B. takes K. R.
20.	K. takes Q. B.	Q. to her Kn. 4th. checking.
21.	K. to his Kn.	Q. R. P. 1.
22.	K. Kn. to his R. 2d.	Q. R. P. takes Q. Kn. P.
23.	Q. R. P. takes P.	Q. R. to its 6th.
24.	Q. to her Kn. 2d.	K. R. to Q. R.
25.	Q. to her B. 2d.	Q. to K. 7th.
26.	Q. to her square.	Q. takes Q. checking.
27.	R. takes Q.	Q. R. to its 8th.
28.	R. takes R.	R. takes R. checking.
29.	K. Kn. to his B.	Kn. to Q.
30.	Q. Kn. to K. B. 3d.	R. to Q. Kn. 8th.
31.	Q. Kn. to Q. 2d.	R. to Q. 8th.
32.	Q. Kn. to K. B. 3d.	Kn. to Q. Kn. 2d.
33.	Q. B. to K. Kn. 5th.	K. to his B. 2d.
34.	Q. B. takes K. B.	K. takes Q. B.
35.	K. Kn. P. 2.	Kn. to Q. R. 4th.
36.	Q. Kn. to Q. 2d.	R. to Q. B. 8th.
37.	K. to his Kn. 2d.	R. to Q. B. 6th.
38.	K. Kn. to its 3d.	Kn. takes Q. Kn. P.
39.	Q. Kn. to its square.	R. to Q. B. 8th.
40.	K. Kn. to K. 2d.	R. takes Q. Kn.
41.	K. to his Kn. 3d.	R. to K. 8th.
42.	Kn. to K. B. 4th.	Kn. takes Q. P.
43.	Kn. to Q. 3d.	R. to K. 5th.
44.	Kn. takes Q. Kn. P.	Kn. checks at K. 7th.
	Game lost.	

GAME XLI.

Mr. T * * * * Y.

Red.	Automaton.
1. K. P. 2.	K. P. 1.
2. Q. P. 2.	K. Kn. P. 1.
3. K. Kn. to his B. 3d.	Q. P. 2.
4. K. P. 1.	Q. B. P. 2.
5. Q. B. P. 1.	Q. Kn. to B. 3d.
6. K. B. to Q. Kn. 5th.	Q. to her Kn. 3d.
7. K. B. takes Q. Kn. checking.	Q. Kn. P. takes B.
8. K. castles.	Q. B. P. takes Q. P.
9. Q. B. P. takes P.	Q. B. P. 1.
10. Q. Kn. to B. 3d.	Q. B. P. takes Q. P.
11. Kn. takes Q. B. P.	Q. B. to Q. 2d.
12. Q. R. to her Kn.	K. Kn. to R. 3d.
13. Q. B. to K. 3d.	Q. to her R. 3d.
14. Q. R. P. 1.	K. B. to his Kn. 2d.
15. K. B. P. 2.	K. castles with his R.
16. Q. Kn. to K. 2d.	K. Kn. to its 5th.
17. K. R. to K. B. 3d.	K. Kn. takes Q. B.
18. K. R. takes K. Kn.	K. B. to K. R. 3d.
19. K. Kn. P. 1.	K. R. to Q. B.
20. Q. to K. B.	K. B. to its square.
21. Q. to K. R. 3d.	K. B. to Q. B. 4th.
22. Q. Kn. P. 2.	K. B. takes K. Kn.

Red.	Automaton.
23. Kn. takes K. B.	K. R. to Q. B. 5th.
24. Q. R. to Q.	Q. to her Kn. 3d.
25. K. R. to Q. 3d.	Q. R. to her B.
26. K. to his Kn. 2d.	Q. R. P. 2.
27. Q. to K. Kn. 4th.	Q. R. P. takes Q. Kn. P.
28. Q. R. P. takes P.	K. R. takes Q. R. P.
29. K. R. P. 2.	Q. R. to her B. 5th.
30. Kn. to K. B. 3d.	K. R. to Q. Kn. 7th. checking.
31. K. to his R. 3d.	Q. to K. B. 7th.
32. K. R. P. 1.	Q. R. to Q. B.
33. K. R. P. takes K. Kn. P.	K. R. P. 1.
34. K. R. takes Q. P.	K. R. P. 1.
35. Q. takes K. R. P.	K. P. takes K. R. checking.
36. K. B. P. 1.	Q. to K. Kn. 7th. checking.
37. K. to his R. 4th.	K. R. to Q. Kn. 5th. checking.
38. R. to Q. 4th.	K. R. takes R. checking.
39. Kn. takes K. R.	Q. to K. R. 7th. checking.
40. K. to his Kn. 5th.	Q. takes K. Kn. P. checking.
41. K. to his B. 6th.	R. to K. B. checking.
42. K. to his 7th.	Q. takes K. P. checking.
43. Kn. interposes.	Q. to K. B. 3d. checking.
44. K. takes B.	R. to Q. checking.
45. Kn. takes R.	Q. to K. Kn. 2d. checking.
46. Kn. interposes.	**Lost.**

GAME XLII.
Mr. H * * * * * D.

Red.	Automaton.
1. K. P. 2.	K. P. 1.
2. Q. P. 2.	Q. B. P. 1.
3. K. P. 1.	Q. P. 2.
4. Q. B. P. 1.	Q. B. P. 1.
5. K. Kn. to B. 3d.	Q. Kn. to B. 3d.
6. K. B. to Q. Kn. 5th.	Q. to her Kn. 3d.
7. K. B. takes Q. Kn.	Q. Kn. P. takes B.
8. Q. R. P. 2.	Q. B. to Q. R. 3d.
9. Q. R. P. 1.	Q. to her Kn. 2d.
10. Q. Kn. to Q. 2d.	Q. B. P. takes Q. P.
11. K. Kn. takes P.	Q. to her 2d.
12. Q. Kn. P. 1.	Q. B. P. 1.
13. K. Kn. to K. 2d.	Q. to her B. 2d.
14. Q. B. P. 1.	Q. takes K. P.
15. Q. B. to Q. R. 3d.	Q. P. 1.
16. K. castles.	Q. B. to Q. Kn. 2d.
17. K. Kn. to its 3d.	Kn. to B. 3d.
18. K. R. to K.	Q. to her 3d.
19. Q. Kn. to K. 4th.	Kn. takes Kn.
20. Kn. takes Kn.	Q. B. takes Kn.
21. K. R. takes Q. B.	K. B. to K. 2d.
22. Q. to K. B. 3d.	Q. R. to Q. B.
23. Q. to K. Kn. 4th.	K. castles.
24. Q. takes K. P. checking.	Q. takes Q.
25. K. R. takes Q.	B. to its 3d.
26. Q. R. to K.	K. R. to Q.
27. B. to Q. Kn. 2d.	Q. R. to Q. Kn.
28. B. to Q. R. 3d.	K. R. to Q. B.
29. Q. R. to Q. B.	Q. R. takes Q. Kn. P.
30. Q. R. to its square.	Q. P. 1.
31. K. R. to Q. 6th.	B. takes Q. R.
Lost.	F

GAME XLIII.

Captain ₀D ∗ ∗ ∗ ╌ ∗ D.

Red.	Automaton.
1. K. P. 2.	K. P. 1.
2. Q. P. 2.	K. Kn. P. 1.
3. K. B. P. 2.	Q. P. 2.
4. K. P. 1.	Q. B. P. 2.
5. K. Kn. to B. 3d.	Q. to her Kn. 3d.
6. K. B. to K. 2d.	Q. Kn. to B. 3d.
7. Q. B. P. 1.	K. Kn. to R. 3d.
8. Q. P. takes Q. B. P.	K. B. takes Q. P.
9. K. R. P. 1.	K. Kn. to K. B. 4th.
10. K. Kn. P. 2.	K. B. to its 7th. checking.
11. K. to Q. 2d.	K. Kn. to its 6th.
12. K. R. to its 2d.	K. castles.
13. K. to Q. B. 2d.	K. Kn. takes K. B.
14. Q. takes K. Kn.	K. B. to K. Kn. 6th.
15. K. R. to its square.	K. B. takes K. B. P.
16. B. takes K. B.	K. R. takes B.
17. Q. Kn. to Q. 2d.	B. to Q. 2d.
18. Q. R. to Q.	Q. R. P. 2.
19. K. R. to. K. B.	Q. R. to K. B.
20. Q. to her 3d.	Q. to her B. 2d.
21. K. to Q. Kn.	Kn. takes K. P.
22. K. Kn. takes Kn.	Q. takes K. Kn.
23. K. R. takes K. R.	Q. R. takes K. R.
24. K. to Q. R.	B. to Q. B. 3d.
25. Kn. to K. B. 3d.	Q. to K. 5th.
26. Q. takes Q.	R. takes Q.
27. Kn. to K. Kn.	R. to K. 6th.
28. Q. R. P. 1.	Q. R. P. 1.

Red.	Automaton.
29. K. R. P. 1.	R. to K. 5th.
30. K. Kn. P. 1.	R. takes K. R. P.
31. Kn. to K. B. 3d.	R. to K. B. 5th.
32. Kn. to Q. 4th.	K. P. 1.
33. Kn. to K. 6th.	R. to K. B. 4th.
34. R. to K. Kn.	K. P. 1.
35. Kn. to Q. 4th.	R. to K. B. 7th.
36. Q. B. P. 1.	Q. P. takes Q. B. P.
37. Kn. takes B.	Q. Kn. P. takes Kn.
38. R. to K.	R. to K. B. 5th.
39. K. to Q. Kn.	K. to his B. 2d.
40. K. to Q. B. 2d.	K. to his 3d.
41. K. to Q. B. 3d.	K. to Q. 4th.
42. R. to Q. checking.	K. to Q. B. 4th.
43. R. to K.	R. to K. B. 6th. checking.
44. K. to Q. 2d.	K. to Q. 5th.
45. R. to Q.	R. to Q. 6th checking.
46. K. to Q. B. 2d.	R. takes R.
47. K. takes R.	

Game lost.

GAME XLIV.

Mr. B * * * * r.

1. K. P. 2.	K. P. 1.
2. Q. B. P. 2.	Q. B. P. 2.
3. Q. P. 1.	Q. Kn. to B. 3d.
4. Q. B. to Q 2d.	K. Kn. to B. 3d.

Red.	Automaton.
5. K. B. P. 2.	K. P. 1.
6. K. B. P. 1.	Q. P. 1.
7. K. Kn. to B. 3d.	K. B. to K. 2d.
8. Q. R. P. 1.	Q. to her Kn. 3d.
9. Q. to her B. 2d.	Q. Kn. to Q. R. 4th.
10. Q. B. takes Q. Kn.	Q. takes Q. B. checking.
11. Q. Kn. to B. 3d.	Q. B. to Q. 2d.
12. B. to K. 2d.	Kn. to K. Kn. 5th.
13. Q. to her 2d.	K. castles with his R.
14. Q. Kn. to Q. 5th.	Q. to her square.
15. Q. Kn. takes K. B.	Q. takes Q. Kn.
16. Q. to K. Kn. 5th.	Q. takes Q.
17. Kn. takes Q.	Kn. to K. 6th.
18. K. to B. 2d.	Kn. to Q. B. 7th.
19. Q. R. to Q. B.	Kn. to Q. 5th.
20. B. to K. Kn. 4th.	K. Kn. P. 1.
21. K. to his 3d.	K. Kn. P. takes K. B. P.
22. K. P. takes K. Kn. P.	Kn. takes K. P. checking.
23. B. takes Kn.	B. takes B.
24. K. R. to K. B.	K. R. P. 1.
25. Kn. to K. 4th.	Q. R. to Q.
26. K. R. to K. B. 3d.	B. to K. Kn. 3d.
27. Q. R. to K. B.	K. R. takes K. R.
28. R. takes R.	K. to Kn. 2d.
29. K. R. P. 1.	Q. R. P. 1.
30. Q. R. P. 1.	Q. Kn. P. 1.
31. K. Kn. P. 2.	Q. P. 1.
32. Q. B. P. takes Q. P.	R. takes Q. B. P.
33. R. to K. B. 6th.	R. takes Q. P. checking.
34. K. takes R.	B. takes Kn. checking.
35. K. takes B.	K. takes R.

Lost.

GAME XLV.

Mr. C ****** E.

Red.	Automaton.
1. K. P. 2.	K. Kn. P. 1.
2. Q. P. 2.	K. P. 1.
3. K. B. P. 2.	Q. P. 2.
4. K. P. 1.	Q. B. P. 2.
5. K. Kn. to B. 3d.	Q. Kn. to B. 3d.
6. Q. B. P. 1.	Q. to her Kn. 3d.
7. K. B. to K. 2d.	K. Kn. to R. 3d.
8. K. castles.	Q. B. P. takes Q. P.
9. Q. B. P. takes P.	K. Kn. to his B. 4th.
10. K. to his R.	K. Kn. takes Q. P.
11. K. Kn. takes K. Kn.	Q. takes K. Kn.
12. Kn. to Q. B. 3d.	Q. takes Q.
13. K. R. takes Q.	Q. R. P. 1.
14. Q. B. to K. 3d.	Q. Kn. P. 2.
15. Q. R. to Q. B.	Q. B. to Q. 2d.
16. Q. R. P. 1.	K. B. to K. R. 3d.
17. Kn. takes Q. P.	K. P. takes Kn.
18. K. P. 1.	Q. B. takes K. P.
19. Q. R. takes Kn.	K. to Q. 2d.
20. K. R. to Q. B.	K. R. to Q. B.
21. Q. R. takes K. R.	R. takes R.
22. R. takes R.	K. takes R.
23. Q. R. P. 1.	Q. B. to Q. 2d.
24. Q. R. P. takes Q. Kn. P.	Q. R. P. takes P.
25. K. Kn. P. 2.	K. B. to K. Kn. 2d.
26. Q. B. to its square.	K. to Q. B. 2d.
27. K. to his Kn. 2d.	Q. Kn. P. 1.
28. K. R. P. 2.	K. to Q. 3d.

Red.	Automaton.
29. Q. Kn. P. 1.	Q. P. 1.
30. K. to B. 3d.	Q. B. to its 3d. checking.
31. K. to Kn. 3d.	Q. B. to K. 5th.
32. K. B. to Q.	Q. P. 1.
33. Q. B. to K. 3d.	K. to Q. 4th.
34. K. to his B. 2d.	K. B. to its 3d.
35. K. R. P. 1.	K. Kn. P. takes K. R. P.
36. K. Kn. P. 1.	K. B. to Q. B. 6th.
37. K. B. takes K. R. P.	Q. B. to K. B. 4th.
38. K. B. to its 3d. checking.	K. to his 3d.
39. K. B. to Q. Kn. 7th.	K. to his B. 2d.
40. K. B. to its 3d.	K. to his Kn. 3d.
41. K. to his Kn. 3d.	K. R. P. 1.
42. K. Kn. P. takes P.	K. takes P.
43. K. B. to Q.	K. to his Kn. 3d.

A drawn Game.

GAME XLVI.

Mr. S ∗ ∗ ∗ ∗ ∗ ∗ ∗ ∗ D.

1. K. P. 2.	K. Kn. P. 1.
2. Q. B. P. 1.	K. P. 2.
3. Q. P. 2.	K. B. to K. Kn. 2d.
4. Q. P. 1.	Q. P. 1.
5. Q. B. P. 1.	K. Kn. to B. 3.
6. Q. Kn. to Q. 2d.	K. castles.
7. K. B. to Q. 3d.	Q. Kn. to R. 3d.
8. Q. R. P. 1.	K. Kn. to K. R. 4th.
9. K. Kn. to K. 2d.	Q. B. to K. Kn. 5th.

	Red.	Automaton.
10.	K. castles.	K. Kn. to K. B. 5th.
11.	K. B. P. 1.	K. Kn. takes K. B.
12.	K. B. P. takes Q. B.	K. R. takes K. R. checking.
13.	Q. takes K. R.	Q. B. P. 1.
14.	Q. Kn. to K. B. 3d.	Q. to her Kn. 3d. checking.
15.	K. to his R.	K. Kn. checks at B. 7th.
16.	K. to Kn.	Kn. takes K. Kn. P. checking.
17.	K. to R.	Kn. to K. B. 7th. checking.
18.	K. to Kn.	Kn. takes K. P. checking.
19.	K. to R.	Kn. to K. B. 7th. checking.
20.	K. to Kn.	Kn. to Q. 6th. checking.
21.	K. to R.	K. P. 1.
22.	Q. Kn. to K. Kn. 5th.	R. to K. B.
23.	B. to K. B. 4th.	K. Kn. checks at K. B. 7th.
24.	K. to his Kn.	R. takes B.
25.	K. Kn. takes R.	K. Kn. checks at K. R. 6th.
26.	K. to R.	K. Kn. takes Kn. at its 4th.
27.	Q. Kn. P. 2.	B. takes R.
28.	Q. takes B.	Q. to K. B. 7th.
29.	Kn. to K. 6th.	Kn. takes Kn.
30.	Q. P. takes Kn.	Kn. to Q. B. 2d.
31.	Q. P. 1.	K. P. 1.
32.	Q. to K. Kn.	Q. takes Q. checking.
33.	K. takes Q.	Q. P. 1.
34.	Q. B. P. takes P.	Q. B. P. takes P.
35.	K. to B.	K. to B. 2d.
36.	K. to his 2d.	Q. P. 1.
37.	K. P. to Q.	K. takes P.
38.	Q. R. P. 1.	Kn. to Q. 4th.
	Game lost.	

GAME XLVII.

Mr. L * * * x.

Red.	Automaton.
1. K. P. 2.	K. P. 1.
2. Q. P. 1.	Q. B. P. 2.
3. Q. B. to K. 3d.	K. Kn. P. 1.
4. Q. Kn. to Q. 2d.	Q. P. 2.
5. K. P. takes P.	K. P. takes P.
6. Q. to K. B. 3d.	K. Kn. to B. 3d.
7. K. R. P. 1.	Q. Kn. to B. 3d.
8. K. castles.	K. B. to K. 2d.
9. R. to K.	K. castles.
10. Q. to K. Kn. 3d.	K. Kn. to K. R. 4th.
11. Q. to K. R. 2d.	Q. P. 1.
12. Q. B. to K. R. 6th.	K. R. takes P.
13. Q. Kn. to K. 4th.	K. R. to his B. 2d.
14. K. Kn. P. 2.	K. Kn. to its 2d.
15. Q. B. to Q. 2d.	Q. B. to K. 3d.
16. K. to Q. Kn.	Q. B. to Q. 4th.
17. K. B. to his Kn. 2d.	K. Kn. to K. 3d.
18. K. R. P. 1.	Q. R. P. 2.
19. K. Kn. P. 1.	K. Kn. to its 2d.
20. K. B. to its 3d.	Q. to her 2d.
21. Q. to K. Kn. 2d.	Q. R. to Q.
22. K. R. P. 1.	K. Kn. P. takes P.
23. K. B. takes P.	K. Kn. takes K. B.
24. K. R. takes K. Kn.	K. R. to his Kn. 2d.
25. K. Kn. to his B. 3d.	Q. B. to K. B. 2d.
26. K. R. to its 6th.	Q. to her 4th.
27. Q. Kn. P. 1.	Q. R. P. 1.
28. Q. to K. R.	Q. B. to K. Kn. 3d.

	Red.	Automaton.
29.	K. Kn. to his R. 4th.	Kn. to K. 4th.
30.	K. Kn. takes Q. B.	Kn. takes K. Kn.
31.	Q. to K. R. 2d.	Q. R. P. takes P.
32.	Q. B. P. takes P.	Q. to K. B. 4th.
33.	Q. R. to K. R.	Kn. to K. B.
34.	Q. to K. 2d.	Kn. to K. Kn. 3d.
35.	Q. R. to K. B.	Q. to her 4th.
36.	Kn. checks at K. B. 6th.	B. takes Kn.
37.	P. takes B.	K. R. to his B. 2d.
38.	Q. to K. Kn. 4th.	Q. to her 2d.
39.	K. R. takes Kn. checking.	P. takes R.
40.	Q. takes P. checking.	K. to his R.
41.	B. to K. R. 6th.	Q. R. to K. Kn.
42.	B. checks at K. Kn. 7th.	Q. R. takes B.
43.	P. takes R. checking.	K. to his Kn.
44.	R. to K.	R. to K. 2d.
45.	R. takes R.	Q. takes R.
46.	Q. to K. 4th.	Q. takes Q.
47.	P. takes Q.	K. takes P.
48.	K. to Q. B. 2d.	K. to his B. 3d.
49.	K. to Q. 3d.	K. to his 4th.
50.	Q. R. P. 1.	Q. Kn. P. 1.
51.	Q. R. P. 1.	K. to his B. 5th.
52.	Q. Kn. P. 1.	Q. B. P. takes P.
53.	K. takes P.	Q. B. P. 1.
54.	K. to Q. B. 3d.	Q. B. P. 1.
55.	K. takes P.	K. takes P.
56.	K. to his B. 3d.	K. to Q. 4th.

A Drawn Game.

GAME L.

Mr. L * * * x.

Red.	Automaton.
1. K. P. 2.	K. Kn. P. 1.
2. K. B. to Q. B. 4th.	K. P. 1.
3. K. B. to Q. Kn. 3d.	Q. B. P. 2.
4. Q. B. P. 1.	K. B. to his Kn. 2d.
5. K. Kn. to his B. 3d.	K. Kn. to K. 2d.
6. Q. P. 1.	K. castles.
7. Q. B. to K. 3d.	Q. Kn. P. 1.
8. Q. Kn. to Q. 2d.	Q. P. 2.
9. K. P. 1.	Q. B. to Q. R. 3d.
10. K. B. to Q. B. 2d.	Q. Kn. to B. 3d.
11. K. Kn. to its 5th.	Q. to her 2d.
12. Q. Kn. to K. B. 3d.	Q. Kn. takes K. P.
13. Q. Kn. takes Q. Kn.	K. B. takes Q. Kn.
14. Q. P. 1.	K. B. to Q. 3d.
15. K. R. P. 2.	Kn. to K. B. 4th.
16. K. Kn. P. 2.	Kn. takes Q. B.
17. K. B. P. takes Kn.	Q. B. P. takes Q. P.
18. K. B. to Q. 3d.	K. B. to K. Kn. 6th. checking.
19. K. to Q. 2d.	Q. B. takes B.
20. K. takes B.	Q. checks at her Kn. 4th.
21. K. to Q. B. 2d.	K. R. to K. B. 7th. checking.

Game lost.

W. Pople, Printer, 67, Chancery Lane.